LE MUSÉE
DE LA
COMÉDIE-FRANÇAISE

PAR

RENÉ DELORME

PARIS
PAUL OLLENDORFF, ÉDITEUR
28 bis, RUE DE RICHELIEU.
—
1878
Tous droits réservés.

LE MUSÉE

DE LA

COMÉDIE-FRANÇAISE

LE MUSÉE

DE LA

COMÉDIE-FRANÇAISE

PAR

RENÉ DELORME

PARIS
PAUL OLLENDORFF, ÉDITEUR
28 bis, RUE DE RICHELIEU.

1878
Tous droits réservés.

A LA COMÉDIE-FRANÇAISE

ce livre est dédié.

PRÉFACE

ans *le foyer des artistes de la Comédie-Française, dans le foyer des travestissements, dans la salle du comité, dans le cabinet de l'administrateur, dans les archives, dans toute la partie du théâtre où le public n'est pas admis, il y a un entassement prodigieux de portraits en pied, de médaillons, de tableaux de genre, de gravures, de dessins, de marbres, de terres-cuites, de bronzes, de figurines en pâte tendre, qui forment, avec les statues et les bustes exposés dans le foyer public et dans les vestibules, une collection unique dont toutes les pièces se rattachent par quelque point à l'histoire de la maison de Molière.*

Les objets qui composent ce Musée ne sont pas seulement des documents précieux pour notre histoire dramatique. Ce sont des œuvres d'art d'une grande valeur.

Parmi les toiles, il en est qui sont signées : Mignard, Largillière, de Troy, Van Loo, Nattier, David, Gros, Gérard,

Ingres, Delacroix, Girodet, Robert-Fleury, Geffroy, Isabey, Édouard Dubufe et Pollet.

Parmi les marbres, les terres-cuites et les bronzes, il en est qui ont pour auteurs : Lemoyne, Houdon, Caffieri, d'Huez, Pajou, Foucou, Dantan, David d'Angers.

Et ces richesses sont pour ainsi dire inconnues. Qui les visite? Nous avons vu quelquefois des Anglais, souvent des Russes, solliciter l'autorisation de parcourir cet intéressant Musée; des Français — jamais. Le hasard, la force des choses, les belles premières, ont pu y amener exceptionnellement un public; mais ce public préoccupé n'a jeté que des regards distraits sur la collection de la Comédie. Le nombre des personnes qui l'ont regardée est donc des plus restreint. Encore parmi ces privilégiés, combien, faute d'un catalogue, n'ont pu savoir de quel artiste était l'œuvre devant laquelle ils s'arrêtaient, ni quel personnage elle représentait?

Nous avons donc pensé qu'il ne serait pas inutile de signaler au public nombreux, qui s'intéresse aux choses de théâtre et à l'art sous toutes ses formes, la curieuse collection du Théâtre Français, et nous avons entrepris de faire ce livre qui n'est que le catalogue raisonné du Musée de la Comédie.

Pendant que nous poursuivions ce projet, nous avons trouvé, dans les archives, des manuscrits autographes, des correspondances inédites, des partitions anciennes, des éditions rares et curieuses. Nous avons vu, dans le magasin des accessoires, dans le magasin des décors et dans le garde-meuble, des objets qui présentent un intérêt anecdotique. Il nous a semblé qu'une description rapide de tout cela devait rentrer dans *notre cadre et rendre plus complète notre étude sur les collections artistiques de la Comédie-Française.*

Avant d'aller plus loin, nous sommes heureux d'adresser ici nos remerciements à l'administration de la Comédie. Toutes les facilités dont nous avions besoin nous ont été gracieusement accordées par M. Émile Perrin, qui a bien voulu s'intéresser à ce travail et en suivre l'exécution. Le trésor artistique conservé dans la maison de Molière nous a été ouvert et nous avons pu vivre pendant quatre années dans l'intimité des chefs-d'œuvre qu'il contient, les interroger un à un, et arracher à la plupart le secret de leur origine. M. Verteuil, l'aimable secrétaire général de la Comédie-Française ; M. Guilloire, le sympathique contrôleur général ; le regretté M. Guillard et ses successeurs aux archives et à la bibliothèque : MM. François Coppée et Mondain-Monval, nous ont aidé de tout leur pouvoir et de toute leur bonne volonté.

Enfin, pour la révision de notre catalogue et pour les questions d'art et de théâtre, nous avons fait souvent appel à l'obligeance bien connue de M. Régnier, l'éminent sociétaire de la Comédie-Française, qui a bien voulu nous accorder le précieux concours de son expérience et de son savoir d'artiste et de collectionneur.

R. D.

LE MUSÉE
DE LA
COMÉDIE-FRANÇAISE

A création du musée de la Comédie-Française ne remonte pas au-delà du siècle dernier.
C'est seulement quand le foyer du théâtre s'est trouvé orné de quelques belles toiles léguées par des mourants, ou offertes par des amateurs, que l'idée est venue aux comédiens d'enrichir la galerie dont ils possédaient les premiers éléments.

En 1743, il n'y avait encore qu'un seul portrait au foyer des artistes. Il est vrai que c'était celui de Mlle Duclos, en *Ariane*, peint par Largillière.

Un tableau, c'est peu. Un Largillière, c'est déjà beaucoup.

L'authenticité de ce portrait est établie par le testament de Mlle Duclos dont l'original se trouve aux archives de la Comédie-Française.

Ce testament, daté du 27 avril 1743, est ainsi conçu :

« Pardevant les notaires à Paris, soussignés, Marie-Anne de Chateauneuf Du Clos, femme séparée de corps et de biens de Jacques-Pierre Chemin, demeurant à Paris, rue des Fossés-Saint-Germain-des-Prés, paroisse Saint-Sulpice, en une maison dont le sieur Procope est propriétaire, trouvée au lit malade de corps dans une chambre au second étage ayant vue sur une petite cour de ladite maison, toutesfois saine d'esprit, mémoire et entendement, ainsy qu'il est apparu aux notaires soussignés par ses discours et entretiens, laquelle, dans la vue de la mort, a fait, dicté et nommé aux notaires son testament ainsy qu'il suit :

. . . .

« Et pour exécuter le présent testament, ladite demoiselle testatrice a nommé et choisy le sieur Saintard, directeur de la Compagnie des Indes, son amy, qu'*il* prie d'en prendre la peine et d'accepter le don et legs qu'elle luy fait de son grand portrait peint en Arianne, par Largillière. »

Le sieur Saintard, directeur de la Compagnie des Indes et ami de Mlle Duclos, accepta d'abord le legs de l'actrice et, fit presque aussitôt don du portrait de la belle Ariane à la Comédie-Française.

L'image de Mlle Duclos ne resta pas longtemps seule au foyer. Elle eut bientôt un digne pendant : le portrait de Baron, peint par de Troy.

Largillière et de Troy, voilà d'heureux débuts pour le musée.

Malheureusement, la toile, que de Troy avait choisie pour y peindre l'auteur de l'*homme à bonnes fortunes*, n'était pas tout à fait aussi grande que celle sur laquelle Largillière avait représenté son Ariane. Il s'en fallait bien d'un pouce ou deux en hauteur. Il paraît que cette différence entre les deux portraits tirait l'œil. On aimait beaucoup la symétrie au siècle dernier. Peut-être quelque Célimène fut-elle un soir choquée de cette inégalité. Peut-être se trouva-t-il près d'elle un galant semainier pour entendre sa remarque. Ce qu'il y a de certain, c'est que le portrait de Baron fut rallongé dans le bas, à l'aide d'une petite bande de toile dont on distingue encore très-nettement la couture et le repeint.

Il ne faut pas trop en vouloir au semainier de ce massacre. Il aurait pu faire pis. Il aurait pu raccourcir la toile de Largillière. Il ne l'a pas fait, cela prouve qu'il avait encore des idées larges, malgré sa folie d'égalisation.

Pendant les quelques années qui suivirent, le musée ne s'enrichit guère. Pas de nouvelles toiles. Il en vint bien une; mais celle-là ne peut pas entrer en ligne de compte; on l'avait donnée comme un portrait de Pierre Corneille. Comme on découvrit bientôt qu'elle n'avait pas même un air de famille avec l'auteur du *Cid*, on l'écarta du foyer.

Le 21 novembre 1777, le sculpteur Caffieri, dont il sera souvent question dans cette étude, offrit à la Comédie un portrait de Pierre Corneille plus authentique.

La lettre qui accompagnait ce don a été conservée aux archives du Théâtre-Français; elle nous apprend que Mme la comtesse de Bouville avait bien voulu confier à Caffieri le portrait original de Corneille peint par Charles Lebrun. Caffieri en fit faire une copie.

« On vous a donné, il y a quelques années, dit-il dans sa lettre d'envoi aux comédiens, un portrait peint de P. Corneille, qu'on sait n'être pas le sien. J'ai cru vous obliger en vous présentant une copie fidèle du véritable portrait de ce grand poète. Votre foyer sera désormais le dépôt des portraits de ceux qui ont illustré la scène; mais ils ne deviendront intéressants qu'autant qu'ils seront ressemblants. On peut compter sur l'exacte ressemblance de celui-ci, que je vous prie d'accepter comme un hommage que je rends au grand Corneille et à vos rares talents. »

Cette lettre est le plus ancien document que l'on connaisse sur le musée de la Comédie. Caffieri y donne non-seulement l'idée de la collection qu'il convient de former; mais encore il y ajoute des recommandations que l'on aurait toujours dû suivre.

Caffieri doit donc être considéré comme le créateur du Musée-Molière; c'est lui qui en a inspiré l'idée aux artistes; c'est lui qui les a le plus aidés à développer leur galerie naissante.

Il y avait à peine un an que Caffieri avait offert le portrait de Pierre Corneille aux comédiens ordinaires, quand il compléta son cadeau en leur donnant une copie du portrait de Thomas Corneille, d'après l'original de Jean Jouvenet, qui lui avait été confié par Mme la comtesse de Bouville.

Si ce présent fut accepté de grand cœur, inutile de le dire. Il fit plaisir à tout le monde, à ceux qui aimaient Thomas Corneille, à ceux qui aimaient les beaux portraits, à ceux enfin qui aimaient la symétrie et qui devaient regretter de voir le cadre de Pierre Corneille sans pendant.

Peu de temps après la mort de Lekain, le portrait de ce grand artiste, peint par Le Noir, vint enrichir la collection.

Quel était l'état du musée lorsque la Révolution dispersa la Comédie-Française ? Il est impossible de le savoir. L'inventaire qui fut dressé à la salle du faubourg-Saint-Germain, le 25 ventôse an II, ne mentionne aucun objet d'art. Cet inventaire fait arbitrairement, sans entente contradictoire, fut du reste contesté par la suite.

L'inventaire de 1815 donne des renseignements plus complets, mais assez inexacts. Il contient « *un état des statues, portraits, glaces et autres objets appartenant à l'ancienne Comédie-Française ou acquis depuis la réunion* ».

D'après ce document, le musée de la Comédie possédait à cette époque les toiles suivantes :

DANS LE FOYER DES ACTEURS

Portraits de :

VOLTAIRE.
RACINE.
CREBILLON.

REGNARD.
PIERRE CORNEILLE (d'après Ch. Lebrun).

Molière.
Thomas Corneille (d'après Jouvenet).
Marivaux (par Van Loo).

Lekain (par Le Noir).
Baron (par de Troy.)
Dufresny.

DANS LA SALLE DU COMITÉ

Un grand tableau avec son cadre doré, représentant Mlle Dumesnil (par Nonotte, 1754).

Et c'est tout.

Le catalogue de 1815 ne mentionne que ces douze portraits. Il ne parle pas de celui de Mlle Duclos, qui, cependant, valait bien l'honneur de l'inventaire.

La sculpture — dont nous n'avons pas encore parlé — fournit plus de numéros que la peinture à l'état de 1815.

On sait déjà que l'idée première du musée de la Comédie appartenait à un sculpteur, à Caffieri, qui contribua puissamment à la formation de la collection artistique du théâtre. Si au début le marbre a la prédominance sur la toile, c'est à l'influence de Caffieri, naturellement plus puissante auprès des sculpteurs que des peintres, qu'il faut attribuer cet état de choses.

Cet artiste si généreux, si dévoué aux intérêts du théâtre, mérite bien quelques lignes de biographie dans cette étude.

Jean-Jacques Caffieri descendait d'une famille d'artistes italiens. Son grand-père, Philippe Caffieri, né à Rome en 1634, avait été appelé à Paris par Mazarin en 1660. Il est question de lui, en ces termes, dans les quatrains de l'abbé de Marolles, sur *ceux qui font florir les Beaux arts dans l'hostel des manufactures royales aux Gobelins* :

> Pour la sculpture en bois, là, tous venus de Rome,
> D'entre les bons sculpteurs, Philippe Caffieri,
> Et du même pays, Dominique Cassi
> Que partout en leur art justement on renomme.

Deux des fils de Philippe Caffieri, Charles et Jacques, manièrent aussi le ciseau.

Jacques eut en 1723 un fils, nommé Jean-Jacques, qui suivit les leçons de Lemoyne, obtint à vingt-cinq ans le grand prix de sculpture, fut reçu à l'Académie en 1759, et nommé professeur en 1773.

Les relations de Jean-Jacques Caffieri avec la Comédie remontent précisément à cette dernière date.

Piron venait de mourir. Le sculpteur eut l'idée de faire le buste de cet auteur pour le Théâtre-Français. Il chargea son ami de Belloy de s'entendre à ce sujet avec les comédiens.

Les négociations se firent par correspondance :

« Mon cher Molé[1],

« Caffieri offre aux comédiens d'exécuter le buste en marbre de Piron, à la seule condition de ses entrées en tout temps pendant sa vie.
    « De Belloy. »

La Comédie accepta cette offre et proposa de passer un acte « par lequel elle aura reçu un abonnement à vie dont l'argent sera employé à payer le buste. Ceci pour obvier à la pente trop naturelle qu'a la Comédie d'accorder des entrées ».

Le buste de Piron, commandé en 1773, ne fut achevé et placé au foyer que deux ans après. Caffieri, pour cimenter ses bonnes relations avec les comédiens, leur avait offert gratuitement — dès 1773 — les deux admirables bustes en terre cuite que l'on voit encore dans la salle du comité.

La date de ce cadeau est connue grâce à une petite note que le sculpteur écrivit plus tard dans un moment de mécontente-

[1] Lettre autographe conservée aux archives de la Comédie-Française.

ment, et que l'on conserve précieusement aux archives. En voici un extrait :

« M. Caffieri, animé du même zèle d'enrichir la Comédie-Française des portraits de ses illustres auteurs, a donné, en 1773, à MM. les comédiens du roi les deux bustes en terre cuite de Philippe Quinault et de Jean de La Fontaine.

« M. Caffieri observe qu'il vend ordinairement chacun de ses bustes en terre cuite vingt-cinq louis. »

En 1777, le musée s'enrichit d'un nouveau buste en marbre, celui de Pierre Corneille par Caffieri.

On voit que Caffieri a beaucoup fait pour la collection artistique du Théâtre-Français. L'idée de sa formation est de lui; et les quatre premiers bustes qui y ont figuré portent sa signature. Caffieri a fait plus encore que de mettre son talent au service des comédiens, il leur a indiqué une combinaison qui devait être fructueuse. Il les a engagés à échanger des entrées permanentes contre des œuvres d'art.

Une lettre inédite de Caffieri, datée du 27 avril 1789, nous éclaire sur ce point :

« Après que j'eus offert à la Comédie le buste de Piron pour mes entrées, et que la Comédie eut manifesté le désir d'en avoir d'autres aux mêmes conditions, plusieurs personnes s'adressèrent à moi comme ayant été le premier qui avoit songé à ce moyen d'honorer la mémoire des auteurs célèbres qui ont illustré votre théâtre. J'ai fait, avec votre agrément, ceux qu'on m'a demandés. »

D'autres artistes, ayant eu connaissance du système d'échange proposé par Caffieri et accepté par la Comédie, vinrent offrir leurs services à la Compagnie dans les mêmes conditions.

Houdon demanda, en mars 1778, à faire le buste de Voltaire en échange d'une entrée pour un sieur Dezède, qui avait offert de payer au sculpteur la valeur de cet ouvrage.

Pajou écrivit de son atelier du vieux Louvre cette lettre datée du 22 octobre 1779 :

« Tout le monde sçait combien votre Compagnie désire rassembler sous ses yeux et sous le regard du publique (*sic*) les bustes des grands hommes qui ont illustré la scène française, dont elle représente tous les jours les chefs-d'œuvre. »

En réponse à son billet, Pajou reçut la commande du buste de Dufresny.

Foucou consent à faire le buste de Dancourt en échange d'une entrée. Boizot et Moret traitent aux mêmes conditions pour les bustes de Racine et de Regnard. L'élan est donné. Il ne se passera plus d'année sans que le foyer des artistes ne reçoive quelque précieux ouvrage de sculpture.

Des dons généreux viennent aussi faciliter l'accroissement du Musée. Sedaine abandonne ses droits sur la *Gageure imprévue* pour doter la Comédie d'un buste de Molière.

Alfred de Vigny raconte ainsi cet acte de générosité :

« Vous connaissez ces bustes de marbre qui forment une double haie si solennelle et si mélancolique dans le foyer public de la Comédie-Française... Arrêtez-vous devant celui de Molière, qui a les yeux si beaux, le sourire si fin, et le col si gracieusement tourné sur l'épaule ; jetez aussi un regard sur celui de Dufresny, et sachez que c'est à ce bon Sedaine que vous les devez tous les deux ; oui, à Sedaine et à la *Gageure imprévue*, car il abandonna tout ce qu'elle rapporterait pour faire, dit-il dans son enthousiasme, « le buste en marbre du premier auteur comique de l'univers, et « peut-être du seul philosophe du siècle de Louis XIV. » Je dois ajouter, en toute confidence, que Dufresny fut sculpté par-dessus le marché, parce qu'il se trouvait plus d'argent qu'il n'en fallait pour le buste de Molière[1]. »

[1] *Revue des Deux-Mondes*, 15 janvier 1841.

Nous laissons à Alfred de Vigny la responsabilité de cette anecdote, n'ayant trouvé jusqu'ici aucun document qui la confirme.

Presque au même moment où Sedaine agissait avec tant de générosité, la Comédie obtenait la cession du morceau capital de son musée, du marbre inimitable qui fait la gloire de son foyer public actuel, en un mot, de la statue de Voltaire par Houdon.

La propriété de cette statue ayant été disputée à la Comédie par la Nation en l'an III, les artistes écrivirent au ministre de l'Intérieur la lettre suivante, qui fait connaître comment et dans quelles conditions ce marbre admirable leur fut donné. La copie que nous donnons a été faite sur le brouillon de la lettre originale conservé aux archives du théâtre :

LETTRE

Adressée par les Artistes du ci-devant Théâtre-Français au ministère de l'Intérieur, le 3 messidor an IV.

« Citoïen-ministre,

« Vous demandez que les artistes du cidevant Théâtre-Français vous produisent leurs titres à la propriété de la statue de Voltaire, qui est dans le vestibule de la salle du faubourg Germain.

« Ce titre est aussi simple qu'il est décisif ; elle nous a été donnée par la citoïenne Duvivier, à qui elle appartenait. La citoïenne Duvivier, nièce et héritière de Voltaire, avoit fait exécuter cette statue dans l'intention de la donner à l'Académie française. Aiant appris qu'elle avoit changé de dessein, nous conçumes aussitôt, avec le plus vif désir de posséder ce précieux monument, l'espérance fondée de l'obtenir.

« En conséquence, nous arrêtâmes d'écrire à la citoïenne Duvivier une lettre qui lui fut adressée le 26 septembre 1780; elle y répondit à l'instant, par sa lettre du même jour, dont les termes ne laissent rien à désirer.

« Les artistes du Théâtre-Français, après avoir exprimé à la citoïenne Duvivier tous les sentiments dont leurs cœurs étoient pénétrés, et lui avoir exposé les titres qu'ils croïoient avoir pour mériter son bienfait, terminoient en rappelant ce que Voltaire leur avoit dit lorsqu'il vint les remercier des efforts qu'ils avoient fait pour obtenir son retour dans la capitale : « Mes enfants, je veux « vivre et mourir au milieu de vous. » Cette adoption glorieuse, ajoutions-nous, c'est à vous, madame, à la confirmer par un *don qui ne peut et ne doit être fait qu'à ses enfants.* »

« La citoïenne Duvivier répondit :

« Rien n'est si flatteur, messieurs, pour la mémoire de mon oncle « et pour moi que la lettre que je viens de recevoir de votre assem-« blée ; je l'ai lue avec attendrissement.

« La manière dont vous vous êtes conduits avec lui pendant le « trop court séjour qu'il a fait dans cette capitale *m'impose, pour* « *ainsi dire, la loi de remplir vos désirs et de placer la statue de* « *M. de Voltaire au milieu de ceux qui l'ont couronné de son* « *vivant.*

« *Je vous donne avec grand plaisir ce tribut de ma reconnaissance* « et des sentiments avec lesquels j'ai, etc., etc.

« Signé : MIGNOT DU VIVIER. »

« Vous voïez donc, citoïen ministre, que c'est bien le don de la statue qui a été sollicité, et que c'est le don qui en a été fait sans restriction ni réserve.

« Vous voïez que c'est la Société des comédiens françois qui en a fait la demande, et que c'est bien aux individus qui la composent, à ceux qui avoient couronné Voltaire de son vivant, à ceux qui s'étoient conduits de manière à mériter le don de la citoïenne Duvivier, qu'elle a donné ce témoignage de sa reconnaissance, et qu'elle a bien voulu regarder ce don comme une obligation qu'elle avoit à remplir envers nous. »

La Nation, qui réclamait la propriété de la statue de Voltaire, se basait sur l'inventaire dressé à la salle du faubourg Saint-Germain le 25 ventose an II, inventaire incomplet, qui n'avait pas mentionné parmi les objets appartenant aux comédiens le marbre de Houdon, la pièce la plus précieuse de leur collection.

La lettre que nous venons de reproduire mit à néant les prétentions de l'État, et le 15 messidor an IV le ministre de l'Intérieur laissa à la Comédie la disposition de la statue.

Grâce aux dons que les artistes recevaient, grâce au système inauguré par Caffieri, le Musée se développa si rapidement que dès 1779 le foyer des artistes était trop petit pour contenir sa collection de marbres. Le 9 février 1779, Caffieri se plaint qu'on ait déplacé le buste de Quinault qu'il a donné pour y mettre « un double portrait de Voltaire fait par M. Houdon » et le semainier s'excuse en faisant valoir l'exiguité du foyer. Il faut que les bustes alternent entre eux. On les exposera à tour de rôle.

Le 20 décembre de la même année, Boizot annonce qu'il a terminé le buste de Racine, et que Moret a mis la dernière main au buste de Regnard[1]. Au moment d'en prendre livraison, les comédiens se demandent si le plancher du foyer est capable de supporter un si grand nombre de marbres et ils font faire une expertise par l'architecte des Menus.

De 1787 à la fin du siècle, les achats de bustes cessent complétement. De 1800 à 1815, le foyer ne reçoit que deux bustes nouveaux, ceux de Gresset et de Baron, par Fortin.

On peut donc dire que c'est entre 1775 et 1787, c'est-à-dire dans l'espace de dix ans, qu'ont été réunis les beaux ouvrages

[1] Le buste de Regnard, par Moret, a disparu pendant la période révolutionnaire.

de sculpture mentionnés sur l'inventaire de 1815, dans l'ordre suivant :

INVENTAIRE DE 1815

VESTIBULE

La statue en pied de Voltaire, par M. Houdon.

GALERIE DU FOYER PUBLIC

Bustes.

Dufresny,	par Pajou	(marbre)	1781
Piron,	Caffieri	—	1775
La Chaussée,	Caffieri	—	1785
La Fontaine,	Caffieri	(terre cuite)	1773
Quinault,	Caffieri	—	1773
De Belloy,	Caffieri	(marbre)	1785
Destouches,	Berruer	—	1781
J.-B. Rousseau,	Caffieri	—	1787

FOYER PUBLIC

Regnard,	par Foucou	(marbre)	1779
Molière,	Houdon	—	1778
Dancourt,	Foucou	—	1782
Th. Corneille,	Caffieri	—	1785
Baron,	Fortin	—	1802
Crébillon,	d'Hus (d'Huez)	—	1778
Gresset,	Fortin	—	»
Racine,	Boizot	—	1779
P. Corneille,	Caffieri	—	1777
Voltaire,	Houdon	—	1778
Rotrou,	Caffieri	—	1783

Ainsi, en 1815, le musée de la Comédie ne comptait que 12 toiles et vingt marbres. Son catalogue général n'aurait pas exigé plus de trente-deux numéros. La qualité des œuvres suppléait, il est vrai, au défaut de la quantité.

Les vingt-cinq premières années de notre siècle ont été remplies par trop d'événements militaires et politiques pour qu'il ait été possible de songer au musée de la Comédie-Française. Il fallait être Napoléon, ce triple génie, pour dater de Moscou un décret relatif aux théâtres de Paris.

Jusqu'en 1826, les choses restèrent donc à peu près dans le même état. Le catalogue ne subit aucune modification notable.

Il en fut autrement quand la période tourmentée et violente eut fait place à une phase plus tranquille. Le public inoccupé se jeta dans la mêlée des classiques et des romantiques. Il y eut un grand brassement d'idées anciennes et nouvelles. Les mots : forme, art, talent, génie, redevinrent à la mode, et la collection du Théâtre-Français dut à ce courant de reconquérir la faveur publique.

Picot, le peintre, offrit le premier aux comédiens son portrait de Talma si vivant, si expressif. Son exemple fut suivi. Les dons de tableaux recommencèrent. Ils prirent, surtout à partir de 1830, un grand développement.

En 1845, on dressa un nouvel inventaire des tableaux que l'on compléta en 1847 par un inventaire des marbres.

Ces deux documents permettent de constater les progrès du Musée.

Le nombre des bustes s'est élevé à trente-deux. Il y a, en outre, au Théâtre, deux statues : celle de Voltaire dont on connaît déjà la provenance, et celle de Talma que la Comédie a achetée le 29 mars 1837 à David le sculpteur, moyennant une somme de 4,000 francs.

Cela porte à trente-quatre le nombre des marbres, qui était de vingt en 1815.

Les bustes acquis de 1830 à 1847 sont ceux de :

Marie-Joseph Chénier, par David.	Le Sage,	par Desbœufs.
Casimir Delavigne, David.	Marivaux,	Fauginet.

André Chénier, par ETEX.		Ducis,	par TAUNAY.
Andrieux,	ELSHOET.	Beaumarchais,	GOIS.
Picard,	DANTAN AÎNÉ.	Duval,	BARRE.
Sedaine,	GATTEAUX.	Lulli, (?)	COYSEVOX.

A propos de ce dernier buste qui est porté sur le catalogue de 1847 comme étant celui de Lulli, il est utile de dire qu'il ne représente nullement le chef des petits violons. C'est le buste de Coysevox fait par lui-même.

Si la sculpture s'est développée, la peinture a pris un accroissement encore plus grand. Il n'y avait que douze toiles au foyer des artistes en 1815; en 1845, nous en comptons :

> 26 dans le foyer des artistes.
> 10 dans la salle du comité.
> 26 dans le cabinet du commissaire royal.
> 7 dans la salle d'attente.
> 2 au secrétariat.
> 9 non classés.

Total..... 80 tableaux.

Parmi les toiles acquises de 1815 à 1845, il en est qui sont signées par Nattier, Santerre, Picot, Pinchon, Geffroy, Mme Adèle de Romance-Romany, Lagrenée, Sicardi, Cavalli, C. Boullanger, E. Fragonard, Coignet, Justin Ouvré, Beauvallet, Ansiaux, etc. etc.

Notons aussi l'un des tableaux les plus curieux du Musée : *les Farceurs français et italiens, peints en 1670,* offert par M. Lorne à la Comédie-Française en 1839.

Malheureusement toutes ces toiles ne sont pas des portraits. On trouve dans le nombre des tableaux de genre et des paysages qui n'ont aucun rapport avec l'art dramatique.

En outre de ces quatre-vingts toiles, la Comédie possède un assez grand nombre d'aquarelles, de dessins, de gravures et de lithographies. Elle a des petits sujets traités soit au crayon, soit au pinceau, par Decamps, Géniole, Lami, les deux Johannot, Desuiné.

Le désir d'accroître leur collection a fait, on le voit, un peu perdre de vue aux artistes de la Comédie-Française le but primitif de leur Musée. Ils ont accepté des sujets de fantaisie, des crayons, des aquarelles, toutes œuvres auxquelles les noms de leurs auteurs donnent une valeur incontestable, mais dont le grand défaut, selon nous, est de se trouver fort mal à propos dans une collection qui ne devrait être formée que de portraits d'auteurs ou d'acteurs.

Les commissaires impériaux et les gentilshommes du roi, qui furent chargés de la surveillance de la Comédie sous le premier Empire et la Restauration, avaient négligé de s'occuper du Musée. Le baron Taylor, nommé commissaire royal en 1830, Jouslin de La Salle qui reçut le titre de directeur le 1er décembre 1834, et ses successeurs, Vedel, ancien caissier du théâtre, Buloz, ancien commissaire royal, s'en occupèrent davantage. Ces deux derniers professaient pour les arts une passion malheureuse. C'est à eux que l'on doit en grande partie l'introduction de quelques toiles médiocres et d'une authenticité douteuse.

M. Lockroy fut nommé directeur en 1848. Après lui deux intermédiaires, dont l'un est M. Seveste, se succèdent. Nous ne croyons pas que ces trois directeurs se soient fort inquiétés de développer la galerie du théâtre.

En 1850, le titre de directeur fait place à celui d'administrateur général. M. Arsène Houssaye en est le premier revêtu et le conserve jusqu'en 1856.

L'arrivée de M. Arsène Houssaye à la Comédie fut une bonne fortune pour le Musée.

Un des premiers soins du nouveau directeur fut de revoir en détail les collections de la Comédie. Une de ses premières pensées fut de demander à l'État de traiter le Musée-Molière comme les autres musées et de lui accorder une subvention qui lui permît de s'adresser aux meilleurs artistes pour obtenir des œuvres nouvelles et dignes de celles que possédait déjà le Théâtre-Français.

Au mois de septembre 1852, l'administrateur général de la Comédie écrivit à M. Romieu, alors directeur des Beaux-Arts, non pas un rapport, mais une lettre étincelante de couleur, dans laquelle il lui exposait l'état des collections, et ce qu'il serait convenable de faire en leur faveur. C'est une des meilleures pages de l'écrivain qui cisela la *Galerie du XVIIIe fiècle*; comme c'est en même temps un document précieux pour l'histoire du Musée, nous n'hésitons pas, malgré sa longueur, à citer cette lettre entièrement :

LETTRE

A Monsieur Romieu, directeur des Beaux-Arts.

Septembre 1852.

I

« Vous m'avez demandé pour le ministre un rapport sur les musées de la Comédie; j'aime mieux causer tout simplement avec M. de Persigny comme avec vous, car il a le temps de causer et il n'a pas le temps, après tant d'ennuis officiels, de lire un rapport officiel.

« Entrons donc d'abord, comme le public, dans le musée des marbres.

« Deux historiens célèbres qui ont pensé, fort justement, que l'histoire doit promener son regard studieux sur les chefs-d'œuvre des arts et des lettres comme sur les événements politiques,

M. Thiers et M. Guizot, ont exprimé avec beaucoup de vérité les divers caractères de la peinture et de la sculpture depuis le commencement du siècle. C'est M. Thiers qui, le premier, a vengé l'école vraiment française, l'école de la palette, contre les pédants de la ligne sans couleur. C'est M. Guizot qui, le premier, a dit que David et ses disciples avaient contrefait sur la toile la sculpture antique, sans même comprendre la sculpture française. Les deux historiens, qu'on ne doit pourtant point accuser ou louer de romantisme, ont donc rendu justice à l'école du dix-huitième siècle, dans un temps où l'art du dix-huitième siècle était honni.

« Le dix-huitième siècle a été la grande période des portraitistes, sculpteurs et peintres. En forçant un peu les dates il commence, pour la sculpture, avec Girardon, Coysevox et Coustou; il prend en route Bouchardon, Lemoine, Falconnet, Pigalle, Pajou, Caffieri, Allegrain, Houdon; beaucoup d'autres moins connus, comme Foucou. Pour la peinture, le dix-huitième siècle est tout aussi éblouissant par la renommée de ses portraitistes : Rigault, Largillière, Watteau, Nattier, Van Loo, Boucher, Greuze, Vestier, mais il faudrait en nommer vingt!

« Presque tous ces maîtres peuvent être étudiés dans les deux foyers de la Comédie-Française. Les sculpteurs surtout y sont admirables par la vie, l'intelligence et le ciseau; on peut dire qu'ils avaient de la tête et de la main. Quoi de plus beau que ce Molière et ce Voltaire par Houdon! que ces deux Corneille par Caffieri! Et ce Rotrou, qui n'est pas un buste, qui est un dieu! Et tous ceux qu'a signés ce ciseau d'or! On pourrait dire comme Rembrandt : « Et nous aussi, nous avons nos antiques! » Qu'on parcoure tous les musées de l'Italie, qu'on fasse encore des fouilles en Grèce, et, quelles que soient les trouvailles inespérées, on finira par reconnaître que jamais l'art de sculpter n'a atteint le but avec plus de vérité et plus d'idéal.

« C'est l'homme, mais c'est l'âme. Comme ce Molière et ce Voltaire nous forcent à la méditation! Il y a là toute l'image et tout le caractère de deux siècles dans la physionomie de ces deux hommes qui ont plus combattu pour l'humanité que tous les héroïsmes de leur temps. Ce qu'il y a de plus beau, ce qu'il y a d'admirable, c'est que Houdon les a faits contemporains de tous les siècles : Molière, par le sentiment de la passion et de la mélancolie; Voltaire, par le front armé d'idées, par la bouche armée d'esprit.

« Caffieri, lui aussi, sculptait d'une main rayonnante; il prenait du génie pour représenter le génie. Qui ne s'est arrêté, tout émerveillé de la grandeur de l'homme, devant la tête de Rotrou ! Il y a du dieu là-dedans, comme je viens de le dire. On sait sa vie : tout un sacrifice jusqu'à la dernière heure. On a parlé de l'Apollon du Belvédère, comme la plus haute expression du beau illuminé par le génie; pour moi, c'est je le marbre de Rotrou, que dis-je, le marbre ! c'est la vie elle-même, c'est la poésie qui rêve, c'est la passion qui se souvient, c'est l'héroïsme qui veille. Voilà le dieu de l'art moderne. Héraclite a dit : « Les dieux sont des hommes immortels, « et les hommes sont des dieux mortels. » Certes, Rotrou était un de ces hommes-là. Voilà pourquoi Caffieri a été bien inspiré de jeter la flamme sur ce marbre, comme il a été bien inspiré aussi de donner au grand Corneille le caractère plus calme de la méditation. Mais, quoique tout à sa pensée, voyez comme le poëte de *Cinna* montre sa fermeté; il pourra mourir pauvre, mais il mourra fier. Pour La Fontaine, c'est le bonhomme des fables, un génie qui s'ignore, qui se renferme.

« Pajou ne fut pas un maître, mais il a signé un Dufresny qui ne trahit pas cette tête charmante et moqueuse. C'était le petit-fils de Henri IV et de la belle jardinière d'Anet, qui, sans doute, n'était pas une petite-fille de Diane de Poitiers. Que d'amours perdus et de roses effeuillées exprime le sourire de ce poëte qui fut le premier des bohémiens.

« Il faudrait s'arrêter devant tous les bustes. Saluons Regnard par Foucou. Le sculpteur a bien compris ce maître railleur, qui a commencé dans la légende française la série des Don Juan, je veux dire les Don Juan byroniens. Il a eu en Algérie son Haydé. Cent ans avant Byron, il a vécu la vie de Byron. Si Foucou ne lui eût ajusté la perruque Louis XIV, vous auriez tout Byron dans ce buste : la lèvre voluptueuse et enivrée, la narine ouverte et impatiente, l'œil hardi et nourri d'éclairs.

« Mais il ne faut pas admirer tous les bustes du foyer, quel que soit notre amour pour les auteurs dramatiques. Je salue Racine dans ses chefs-d'œuvre, mais non pas dans son marbre. Si vous voulez voir de mauvais bustes, regardez ceux des sculpteurs du dix-neuvième siècle. On a très-bien remarqué que cette époque héroïque de Napoléon, « époque de bronze et de marbre[1] », n'a pas produit un seul sculpteur. Aussi il faudrait refaire les bustes de Le Sage, de Marivaux, de Beaumarchais.

« Je ne parle pas de ceux qu'on n'aurait pas dû faire du tout, comme Duval, Andrieux et les autres de la même trempe. Aux auteurs de passage, il ne faut que des bustes de neige.

II

« Souvent, mon cher Romieu, mon vrai spectacle, si on joue les Andrieux d'aujourd'hui, c'est une promenade dans la galerie des bustes, ces Champs-Elysées de la Muse dramatique, où j'évoque tant de souvenirs et tant de symboles. C'est mon Parnasse de Raphaël, avec Molière pour Apollon, et Rotrou pour Jupiter. Ce que j'aime dans ces illustres morts, c'est qu'ils ont tous plus ou moins fait des chefs-d'œuvre avec leur esprit, et qu'avec leurs figures ils ont encore donné à Houdon, à Caffieri, à Lemoyne, à Foucou un prétexte à faire des chefs-d'œuvre.

« Je te salue, Molière, malade imaginaire des maladies de l'âme, misanthrope mort d'avoir trop aimé, médecin malgré toi des folies de ton siècle! Je te salue, Voltaire, ô toi qui as tout dit; excepté le mot de la comédie! Comme te voilà vivant encore, malgré la neige des ans et la glace du marbre! Tu ne croyais pas au diable, parce que tu ne croyais pas à toi; mais n'étais-tu pas le diable immortel? Et toi, diable d'argent et de vif argent, Beaumarchais, Figaro qui cachais Chérubin, malin comme Suzanne, rusé comme Basile et passionné comme Almaviva! Et toi, Regnard, Don Juan avant la lettre, toi qui n'as écrit des comédies que comme le *post-scriptum* de ta vie amoureuse! Voilà le doux Racine, Racine au repos,

---

[1] C'est Thoré qui dit cela; il a dit aussi du buste de Molière : « Il est formé à l'image de Dieu, suivant le symbole de la *Genèse*. Et comme les Athéniens recommandaient à leurs femmes, afin qu'elles procréassent de beaux enfants, d'orner leurs maisons avec les statues des gladiateurs et des héros, de même on pourrait conseiller aux matrones de notre temps de placer dans leurs alcôves le portrait de Molière. Les générations futures y gagneraient sans doute en beauté physique et morale. »

marié et père de Louis Racine, ne songeant plus à Mlle de Champmeslé, cherchant à ressembler par l'arrangement de sa perruque à son roi, qui, tout à l'heure, va le décapiter d'un regard ! ô Pierre Corneille, que tu as raison de ne pas hanter Louis XIV, et de ne connaître que les royautés du passé ! Pauvre de Belloy, toi aussi tu faisais des tragédies, toi aussi tu fus porté en triomphe, toi aussi tu mourus de misère ; mais tu ne t'appelais pas Pierre Corneille, ni même Thomas Corneille ! Pendant que tu faisais des tragédies oubliées, ce doux et fin Nivelle de La Chaussée faisait des comédies dont on ne se souvient guère : mais il a laissé une tête charmante dans le musée des auteurs ! Voilà Piron qui regarde Gresset : lequel est le plus métromane ? lequel est le plus méchant ? Ils ont fait les deux meilleures comédies de leur siècle, au point de vue d'Aristote et de la Harpe ; mais si on me permet de parler en prose, j'aime mieux *Turcaret* et le *Mariage de Figaro*. Que faites-vous là, Destouches, si glorieux de vos protocoles et de vos comédies ! Vous n'êtes pas beau à voir, et vous n'êtes pas amusant à entendre. Comme il m'agrée mieux, ce vif Dufresny, qui me parle tout une heure sans faire jabot, quoique sa blanchisseuse lui en ait donné le droit ! Je fuis de terreur, ô Crébillon, devant ta coupe d'Atrée, et je tombe dans les bras de La Fontaine, qui me verse son esprit champenois dans sa *Coupe enchantée !* Divin et profane La Fontaine ! toi qui chantes sur les berceaux et qui égayes les derniers crépuscules ! Marivaux est là qui sourit de Sedaine ! Sedaine est là qui sourit de Marivaux ! Ils sont aux deux points extrêmes de l'art dramatique ! L'un est arrivé au but par la ligne droite, l'autre par le chemin des écoliers ! mais ne sont-ils pas arrivés tous les deux !

« Il y a là beaucoup de bustes que je ne connais pas, parce qu'ils sont mal sculptés. Parmi les ennuis de la célébrité, celui-là n'est pas un des moindres qui consiste à être exposé, par un portrait posthume, sous une figure qu'on n'avait pas.

III

« Il y a à la Comédie-Française trois musées, les portraits des Comédiens, depuis l'origine de la comédie ; la galerie des bustes, enfin les poëtes de la salle du Comité. Quiconque est venu à Paris sans avoir pénétré dans ses trois sanctuaires de l'art dramatique a été à Rome sans visiter le Vatican. La Comédie-Française, n'est-ce pas un Vatican profane ?

« Si, dans un entr'acte égaré dans les labyrinthes de la Comédie-Française, vous demandez votre chemin à quelque petite-fille de Molière, elle vous conduira d'un air malicieusement ingénu tout droit au foyer des acteurs, ce fameux foyer dont on ne franchit guère le seuil sans terreur : car ce n'est pas le parterre seulement qui a le privilége des sifflets ; les comédiens se donnent la comédie dans leur foyer aux dépens de ceux qui s'y aventurent.

« Ce foyer est tout un musée ; on y retrouve les comédiennes de trois siècles, depuis Champmeslé jusqu'à Mlle Brohan. Celles qui vivent de la vie réelle sont-elles plus vivantes que celles qui vivent par la peinture et par la tradition ? Où commence et où finit le rêve ? En entrant, on salue du même coup de chapeau Mlle Rachel et Mlle Clairon : Mlle Clairon tout aussi éloquente dans son sourire que Rachel dans sa moqueuse périphrase.

« Elles sont toutes là, vivantes encore et souriantes sous le prisme éternellement gai de leurs folies d'autrefois, ces Dorines fortes en gueule de Molière, ces Martons presque sentimentales de Marivaux, ces Suzannes trop spirituelles de Beaumarchais et ces Victorines attendries de Sedaine ! Là elles jouent de l'éventail, ces grandes coquettes qui jouent du sceptre depuis Mlle Molière jusqu'à Mlle Plessy ! Là elles se dispersent sous les ramées, ces ingénues qui fuient l'amour parce qu'elles le cherchent ; ces Psychés-Agnès, ces Galathées-Fanchettes qui prennent des leçons et qui en donnent ! N'avez-vous pas reconnu ces pleureuses et ces furies, ces tempêtes incarnées, ces symboles illustres de la passion qui s'appellent Champmeslé, Lecouvreur, Gaussin, Clairon, Rachel ?

« Plus d'une fois, quand j'étais seul, j'ai prié les princesses de l'ancienne comédie de descendre un instant de leur cadre et de venir me conter ce qui a été la joie et le tourment de leur vie. Et toutes sont venues avec les déesses des forêts de l'Opéra. Et toutes m'ont conté leur histoire. Gaussin m'a parlé d'Helvétius et m'a présenté à Mlle Sainval, qui a dansé sur ses larmes avec la bouche en cœur. Mlle Dangeville m'a dit : « Écoutez Clairon, qui est un philosophe. » Je n'aime pas les philosophes à rubans, surtout Mlle Clairon, qui ne contait pas, qui dissertait. Elle voulait prouver que tous les grands comédiens doivent avoir pris leurs degrés en Sorbonne. Je me moquais de ses paradoxes avec Mlle Dumesnil, qui ne consultait pour bien jouer que l'oracle d'une bouteille de vin. Mlle Lange, en costume de chasseresse, se mêlait au débat; s'il faut l'en croire, ce sont les beaux yeux qui jouent la comédie. Mlle Dangeville affirmait qu'il n'y a que celles qui n'ont pas de talent qui jouent des yeux. Ce n'était pas l'opinion de Mlle Mars, qui avait la coquetterie de l'amour et la coquetterie de la scène! Mlle Lecouvreur disait que les cendres de la comédie sont dans l'urne qu'elle tient contre son cœur! Mme Favart, la chercheuse d'esprit, disait à Mlle Lecouvreur qu'elle aurait mieux fait d'inhumer la maréchale de Saxe dans son urne que d'y ensevelir la tragédie. Mlle de Champmeslé leur chantait à toutes, d'une voix un peu solennelle qui sentait son grand siècle, que la comédienne la plus savante est celle qui ne sait que son art. « C'est celle qui ne sait que son cœur, » ajoutait Mlle Gaussin.

« Et ainsi, de propos en propos, je voyageais à travers ces deux siècles, jusqu'au moment où la comédie contemporaine m'apparaissait sur la toile savante où Geffroy l'a représentée. Car les voilà, les gaies et les folles, les graves et les affligées, Jeanne qui rit et Jeanne qui pleure. C'est Mlle Mars qui fait les honneurs du salon de Célimène, mais tout le monde y est chez soi.

IV

« Je ne suis jamais entré sans un sentiment de respect et de tristesse dans la salle du Comité de lecture, ce Campo-Santo de tant de jeunes espérances, cette Nécropolis de tant d'œuvres mortes à leur premier cri ! Mais les jeunes gens qui tombent sur ce champ de bataille, sous le regard sympathique ou railleur des aïeux, ne sont-ils pas consolés par avance de leur défaite, en voyant combien peu dure le travail d'une génération ? Ce fin et vif Dufresny, on ne le joue jamais! Regnard, ce rire étincelant, on n'en rit plus ! Crébillon le tragique n'arrache plus de larmes ! Thomas Corneille, à qui il aurait fallu vingt théâtres, est maintenant solitaire au milieu de ses œuvres délaissées, comme Ariane sur son rocher ! Et Ducis ? que fait-il ? on n'en sait rien. Mais vous-même, Voltaire, vous qui vous êtes cru Shakspeare, Molière et Racine, vous qui avez tenu tant de place sur la scène de la Comédie-Française, sur la scène du monde et sur la scène de Ferney, vous feuilletez *Nanine ;* mais qui donc, au Comité, se souvient de *Sémiramis* ? O postérité dédaigneuse, tu inscris le nom dans le temple, mais sous les autels que tu dresses il y a toujours de la place pour un tombeau !

« Comment voulez-vous qu'on croie à ces juges d'une heure, quand le jugement des siècles a eu tort ! Un jeune poète trouve assemblés pour décider de son sort poétique MM. Geffroy, Samson, Beauvallet, Régnier, Provost, Got, Bressant, Delaunay, sous ma présidence si nous sommes au milieu du siècle. Quel que soit l'arrêt, il est révocable. Et cependant si les portraits descendaient de leurs cadres pour prendre part au scrutin, si Molière qui a deviné Racine, si Racine qui a deviné Campistron, si Corneille qui comprenait Rotrou; si Crébillon, censeur royal qui signait des billets de faveur pour la postérité ; si Marivaux qui s'est presque compris lui-même, si Piron qui ne voulait pas comprendre Voltaire, si tous ensemble ils venaient discuter sur l'œuvre de l'inconnu, savez-vous ce qu'ils feraient ? Ils se tromperaient !

« On dit communément de tel endroit fâcheux : « Je ne voudrais pas y être en peinture ! » Certes, c'est au Comité du Théâtre-Français que le proverbe a raison ! Comme je plains toutes ces belles intelligences qui ont, durant leur vie, entendu débiter tant de sottises, et qui sont condamnées à ce métier d'écouteurs posthumes !

« Maintenant, ils sont là comme des vainqueurs dans une forteresse prise d'assaut, se rappelant encore toutes les angoisses du siège, toutes les périlleuses aventures de la première représentation ! Les voilà passés au rang des demi-dieux, mais forcés d'assister toujours aux épreuves des simples mortels ! Toutefois Racine évoque plutôt les pompes de Versailles que les fêtes de l'hôtel de Bourgogne ! Voltaire, encore couronné de sa jeunesse, ne se soucie pas des couronnes d'Irène ! Regnard a l'air de se rappeler son dernier coup de lansquenet, Molière pense à sa femme, Dufresny à sa blanchisseuse et Marivaux à Mlle Sylvia. Crébillon, drapé à la romaine, se croit sur le forum, et Ducis, couvert de fourrures, traverse, le front nuageux, le pays d'Hamlet et de Macbeth ! Seul le vieux Pierre Corneille est tout à sa tragédie !

« Quel beau portrait que ce Pierre Corneille, majestueux et triste dans son manteau troué ! Comme il renvoie à leur théâtre de société ces messieurs bien habillés, Duval, Colin d'Harleville et Andrieux, qui ont cru dans leur temps qu'ils étaient chez eux dans la maison de Molière !

V

« Les misanthropes et les misogynes auront beau crier, les petits Bossuets d'à présent auront beau renouveler les anathèmes de Bossuet le Grand contre la comédie et contre les comédiennes, le goût du jour est aux héros et aux héroïnes du théâtre. Ils ont pour eux cet attrait de la fréquentation quotidienne qui reste après tout la plus invincible loi des affections humaines. On les voit tous les soirs, vêtus de leurs plus beaux habits, parlant un idéal langage, obligés à l'urbanité et de l'urbanité tirant un moyen de domination. Ils ont été patronnés devant le tribunal des siècles par les plus éloquents plaidoyers, et comment réfuter ces avocats incomparables, Aristophane, Plaute, Shakspeare, Corneille, Molière, Voltaire, Victor Hugo ? Aussi chaque accident intéresse dans ce roman compliqué des ouvriers de la fiction ; le charriot de la Rancune et de Mlle La Caverne y a son prix, comme le vaisseau qui emportait Jenny Lind conquérante vers la terre de l'indépendance — et des dollars ! Aussi les écrivains qui discourent d'Hermione ou de Marguerite Gautier sont les écrivains en faveur. Il manque plus d'une comédienne et d'un comédien à la Comédie.

« Vous êtes là, rayonnantes de vos inspirations si diverses, joyeuses de vos triomphes presque pareils, ô vous les trois déesses de l'Olympe tragique aux trois cimes! ô Rachel! ô Georges! ô Ristori! Le drame, épuisé de douleurs, sanglote sur les notes graves qui sortent de cette âme énergique, Mme Guyon! de cette âme vaillante, Lia Félix. La comédienne prodigue ses sourires, ses concetti, ses gracieuses et folles attitudes sous l'aimable apparence de Mlle Augustine Brohan. Richelieu-Frétillon se glisse dans tous les boudoirs et dans toutes les mansardes pour la plus grande gloire de Mlle Virginie Déjazet, Richelieu et Frétillon tout ensemble. Ravel piaille et Grassot glousse! Frédérick se drape dans ses royales guenilles! Mélingue campe le poing sur son épée, Bocage arme ses lèvres de sa plus amère ironie! Ouvrez l'oreille, ouvrez les yeux aux battements de ces quatre ailes qui se frôlent : Jovita-Rosati vient de rencontrer dans la patrie aérienne sa rivale Orfa-Cerrito! Laissez passer la finesse sobre de Régnier et la verve abondante de Mme Ugalde! Acceptez les gaietés dédaigneuses de Bressant et les tristesses enthousiastes de La Fontaine! Accueillez ces deux vignettes délicates, Eugénie Doche, blonde, effilée, charmante, une élégie de keepsake, l'Ophélie d'un *Livre de Beauté*; et la brune Fargueil, la passion sous la raillerie! Souffrez le bouffon Arnal auprès de la pythonisse Cruvelli! Accordez votre pitié aux tortures de Mme Stolz, âme errante, corps exténué, damnée de l'enfer de la mélodie, et rappelez votre gaieté quand Marie Cabel, cette grisette de génie, battra le trille de sa ronde des *Fraises!* Mme Marie Laurent, passionnée, éloquente, dépensière de sa force et de ses larmes, vous raconte les angoisses d'une maternité inconsolable : pleurez! Mme Viardot vous initie au principe de son art savant, mystérieux, sacerdotal : saluez! Fechter vous offre, comme Bressant et Brindeau, le séduisant modèle du dandysme : étudiez, successeurs de Brummel! Boutin incarne les joies et les tristesses, les ridicules et les grandeurs de l'ouvrier, toute une odyssée des faubourgs : comparez, admirateurs de Tiercelin!

« Pour ceux qui savent lire dans la physionomie, les portraits sont d'excellents livres d'histoire. — Je ne parle pas seulement des portraits *historiés* qui, par leurs accessoires, peignent toute une époque au point de vue des ameublements, des costumes, des modes, — je parle de l'homme même. Dans une seule figure, si elle est marquée du sceau de l'intelligence, je découvre les passions, les idées, les aspirations de toute une période. Le portrait de Voltaire jeune a toute la folie railleuse de la Régence; vieux, quand Houdon saisit son âme, n'est-il pas l'image de ce dix-huitième siècle qui tombe en ruines en riant de tout ? il n'y a encore qu'un historien de Richelieu, c'est Philippe de Champaigne.

VI

« Je viens vous prier, mon cher Romieu, de consacrer une toute petite part du budget des beaux-arts aux deux musées de la Comédie-Française, celui du foyer des acteurs et celui du foyer public. Il ne faut pas que les auteurs dramatiques, non plus que les comédiens, soient morts pour qu'on songe à les peindre et à les sculpter.

« Ce que je vous demande surtout, c'est de confier les figures de Hugo, de Dumas, de Musset, de Vigny, de Scribe, d'Augier, de Ponsard, comme de Rachel, de Samson, de Provost, de Régnier, d'Augustine Brohan, de Mme Plessy, à des portraitistes hors ligne en marbre et en couleur; car depuis un certain nombre d'années le musée du théâtre s'est appauvri par des œuvres au-dessous du médiocre, si le pire ne vaut pas mieux que le médiocre.

« M. Ingres, qui ne sait comment me remercier de ses entrées et surtout de celles de Mme Ingres, ne demande qu'à faire le portrait d'un comédien. Eugène Delacroix va tenter de peindre Mlle Rachel en muse de la Tragédie. M. Henry Lehmann peindra Mlle Brohan. M. Clésinger demande à sculpter tout le monde. Aucun de ces beaux portraitistes ne parle d'argent; mais il ne faut pas compter sans l'hôte, a dit Mlle Brohan dans son dernier proverbe.

« Arsène Houssaye. »

Après avoir pris connaissance de cette lettre, le directeur des Beaux-Arts répondit officieusement à M. Arsène Houssaye, qu'un musée qui inspirait d'aussi belles pages méritait toute la sollicitude du gouvernement; qu'il était prêt, pour sa part, à prélever sur le fonds des commandes une vingtaine de mille francs pour faire exécuter des statues et des tableaux. Cependant, ajoutait M. Romieu, puisque « tous ces beaux portraitistes ne parlaient pas d'argent », il n'était peut-être pas bien utile de placer la question sur le terrain financier. La somme de vingt mille francs disponible était bien petite pour payer toutes ces gloires. Il y a des cas où « rien » est plus offrable que « peu ».

M. Arsène Houssaye entra résolûment dans la voie qu'on lui indiquait. Il chercha un moyen qui pût concilier les intérêts du musée, ceux du Trésor et l'amour-propre des artistes. Le procédé de Caffieri lui parut encore le plus convenable. En conséquence, il offrit à quelques peintres des entrées personnelles.

Ceux-ci répondirent à cette gracieuseté en envoyant des toiles de toute sorte, paysages, études, tableaux de genre. Ce n'était pas cela que l'on voulait. On dut donc, pour éviter un encombrement, partager entre les sociétaires ceux des tableaux qui ne rentraient pas dans le programme de la collection. On ne conserva que ceux de Geffroy, de Mme O'Connell, de Penguilly, de Chaplin et de Faustin Besson, qui représentaient des comédiens célèbres.

Quant au crédit accordé par M. Romieu, il fut employé à l'achat d'un portrait de Talma par Delacroix, et d'une statue : la *Tragédie* (Rachel), par Clésinger.

L'administrateur général fit, en outre, décorer à l'italienne la loge directoriale donnant sur la scène. Ce fut M. Faustin Besson qui brossa les panneaux de ce coquet *buen-retiro*.

M. Arsène Houssaye a fait don à la Comédie d'un très-beau portrait de Regnard, par Largillière. Il a fait également acheter par les sociétaires un portrait de Préville, par Van Loo.

Son successeur, M. Empis, recueillit encore les fruits de l'initiative intelligente qu'avait prise M. Houssaye. Ingres, après avoir beaucoup hésité, se décida enfin à offrir au Théâtre-Français son *Déjeuner de Versailles*.

Sous le même M. Empis, un directeur de Londres, M. Mitchel, fit don au foyer des artistes d'un grand portrait de Rachel par M. Dubufe.

La direction de M. Édouard Thierry fut marquée par d'importantes acquisitions.

Le beau portrait de Molière par Mignard, provenant de la vente Vidal, fut acheté sous son règne. Vers la même époque, un portrait de Rachel, par M. Gérome, vint enrichir la collection. La galerie des bustes reçut les portraits en marbre d'Alfred de Vigny, de Ponsard, d'Alfred de Musset et de Collin d'Harleville. Citons encore la statue de la *Tragédie* de Duret, la statue de la *Comédie* de Thomas, et le plâtre du *Corneille assis* de Falguière.

M. Émile Perrin devint administrateur général du Théâtre-Français, le 19 juillet 1871. On était alors sous le coup des événements qui venaient de troubler si profondément le pays. Le vent ne soufflait guère du côté de l'art. Il faut dire à l'honneur du nouveau directeur qu'il ne partagea pas l'indifférence générale. Fidèle a son passé artistique, il réagit au contraire vigoureusement.

A son arrivée, M. Émile Perrin trouva le musée dans un état de pléthore alarmant. Les toiles et les marbres débordaient des foyers jusque dans les corridors et les escaliers. Sa sollicitude pour cette importante galerie se manifesta de toutes les manières, par des acquisitions nouvelles et par des restaurations intelligentes.

Sacrifiant ses goûts personnels d'amateur, M. Perrin abandonna gracieusement son droit de premier acquéreur sur un beau portrait peint de Molière, où l'on reconnait la touche énergique et vivante de Mignard. Ce précieux médaillon provient de la vente de la galerie de l'évêque de Wincester.

C'est sous la direction de M. Émile Perrin que le foyer des artistes s'est enrichi, en décembre 1873, du portrait de Mlle Joly, par le grand David; que la galerie des bustes a reçu le portrait en marbre de Marivaux; et que la Comédie-Française a pu placer, parmi les illustres figures des grands écrivains français, la statue de George Sand par Clésinger.

Ces dons et ces achats ont porté à trois cent trente-neuf le nombre des objets d'art qui composent le musée.

Le catalogue que nous en avons dressé comprend :

```
        Tableaux..................... 171
        Aquarelles, dessins, gravures........  61
        Marbres ....................  77
        Bronzes.....................   6
        Terres cuites.................   9
        Biscuit de Sèvres...............  15
                                       ───
                                       339
```

M. Émile Perrin a encore d'autres titres à la reconnaissance de ceux qui s'intéressent aux collections artistiques de la Comédie. On lui doit la réforme définitive du décor trop longtemps négligé au Théâtre-Français. Comme toutes les réformes, celle que M. Émile Perrin a faite a eu des partisans et des détracteurs. Parmi ceux-là même qui admirent Lekain pour avoir réformé la déclamation, et Talma pour avoir réformé le costume, il s'est trouvé des esprits qui ont manqué de logique au point de ne pas reconnaître que les progrès accomplis par ces deux grands artistes en appelaient un troisième : le progrès de la mise en scène.

Grâce à la persévérance du directeur actuel, les comédiens

français qui disent vrai, qui s'habillent juste, jouent maintenant dans des milieux exacts.

Pour tous ceux qui ont observé les liens qui existent entre l'homme et les objets familiers qui l'entourent, la révolution qui a été faite à la Comédie-Française est des plus importantes. Que d'habitudes, que de traits de caractères dénotent les choses que nous choisissons et avec lesquelles nous vivons journellement.

On a souvent reproché aux comédies de ne pouvoir présenter des types aussi fouillés, aussi profondément étudiés que dans les romans. Avec un décor bien compris, la comédie peut entrer aussi profondément que le livre dans l'intimité des personnages. Pour ne citer qu'un exemple, nous rappellerons le décor du premier acte du *Sphinx*, de M. Octave Feuillet.

Ce décor représente un salon, d'une élégance rare et pleine de surprises. Au délicieux fouillis de meubles précieux, aux formes nouvelles des siéges, à la profusion des plantes exotiques, aux mille petits riens coquets des étagères, à l'étrangeté luxueuse, nerveuse même de l'ensemble, ne devine-t-on pas déjà quelle femme est le Sphinx? Ce décor vaut dix pages de description minutieuse sur le caractère et l'esprit de la femme qui s'est fait cet intérieur.

C'est donc dans le magasin des décors que la Comédie possède, boulevard Bineau, que l'on peut voir surtout combien M. Émile Perrin s'est intéressé aux collections artistiques du théâtre. Mais nous espérons bien que le directeur actuel ne s'en tiendra pas là. Le musée des tableaux et des marbres réclame tous ses soins. Il est triste de voir tant de belles pages, tant d'œuvres précieuses, tant de documents si intéressants entassés, disséminés dans des locaux mal éclairés et insuffisants. Au nom de l'art, nous le prions et nous prions le ministre de l'Instruction publique d'étudier cette importante question d'une distribution nouvelle. Nous ne nous dissimulons pas les difficultés matérielles qu'il y aura à vaincre pour arriver à ce résultat; mais nous sommes convaincu que le directeur des beaux-arts et le directeur des bâtiments civils ne pourront répondre par un refus le jour où M. Émile Perrin demandera un peu de lumière et un peu d'espace pour un musée qui est unique au monde. Le Théâtre-Français a près de lui une annexe toute naturelle : son ancien foyer qui fait partie du Palais-Royal et qu'on pourrait lui rendre.

Et puisque nous avons été entraîné à parler de l'avenir de cette importante galerie, qu'il nous soit permis d'ajouter quelques mots.

La Comédie s'était fait une règle — cela nous est prouvé par plusieurs documents — de n'admettre dans son foyer que des portraits d'auteurs ou d'acteurs décédés. Sans doute l'honneur dont on est si ménager a plus de prix; mais ne serait-il pas possible, sans enfreindre cette règle, d'assurer dès à présent l'avenir du musée? Ne pourrait-on pas, dans l'hypothèse où l'on obtiendrait un peu plus de place, ouvrir une salle nouvelle exclusivement consacrée aux acteurs et aux auteurs contemporains, un petit musée du Luxembourg, d'où les portraits seraient enlevés à la mort de l'artiste ou de l'écrivain, pour passer dans le Louvre définitif, dans le grand foyer? La manière dont se recrutent les sociétaires de la Comédie, le soin avec lequel les auteurs sont triés parmi les meilleurs, ne les rendent-ils pas tous dignes de l'honneur d'avoir leur image auprès de celles de leurs devanciers? Il n'est point douteux que cette manière de faire vaudrait à la Comédie des dons importants. MM. Régnier, Bressant, Got, Delaunay, Coquelin, Mlle Sarah Bernhardt, Mlle Croizette, pour ne citer que quelques noms contemporains, ont été souvent représentés sur la toile ou dans le marbre par des artistes d'une grande valeur. Pensant qu'il s'agit de laisser à la postérité leur portrait à côté de ceux que Mignard et Largillière ont signés, ils tiendraient sans doute à désigner eux-mêmes celle de leurs images qui leur semblerait la plus digne de figurer dans la galerie des ancêtres.

LE MUSÉE DES AUTEURS

LE FOYER PUBLIC

e foyer public de la Comédie-Française est certainement le plus beau foyer qui existe. Ce n'est pas que ses dimensions soient extraordinaires, ni sa disposition très-favorable. On peut reprocher en effet au salon d'être relativement trop petit et à la galerie des bustes d'être beaucoup trop étroite ; mais on est forcé d'admirer sans réserve le goût et l'art qui ont présidé à leur décoration.

Quand on examine les détails de l'ornementation du foyer, on y trouve je ne sais quoi de musical. Les ors apaisés, les couleurs sobrement ménagées, composent une harmonie douce, sur laquelle les blancheurs du marbre dessinent un motif mélodieux. C'est ainsi que, dans une symphonie, les harpes modulent leurs arpéges en sourdine afin de ne pas étouffer le chant des flûtes.

Statue de marbre, bustes de marbre, cheminée de marbre, bas-reliefs et dessus de porte de marbre, c'est le marbre qui domine. La couleur ne prend d'importance qu'au plafond. — Là, dans un large médaillon formé par des enroulements d'or jaune et d'or rouge, on peut entrevoir un coin de ciel bleu sur lequel passe un vol de nuages blancs. On sait que, de tous les tons, le bleu est celui qui s'harmonise le mieux avec le marbre. Dans la statuaire antique, on faisait des fonds bleus aux bas-reliefs en ronde bosse pour mettre les figures plus en valeur.

En dehors de cette échappée sur le ciel, une série de petits médaillons peints en grisaille rappelle quelques pièces importantes du répertoire. Dans ces encadrements resserrés, sur ces théâtres en miniature, des enfants groupés avec art et peints à la manière de Boucher représentent les principaux personnages des comédies ou des tragédies célèbres.

Ces médaillons curieux sont au nombre de douze; ils font allusion aux pièces suivantes :

L'École des maris,	de Molière.
Le Joueur,	de Regnard.
Horace,	de Pierre Corneille.
Phèdre,	de Racine.
Venceslas,	de Rotrou.
Le Comte d'Essex,	de Thomas Corneille.
Le Glorieux,	de Néricault Destouches.
La Métromanie,	de Piron.
Le double Veuvage,	de Dufresny.
Alzire,	de Marivaux.
Rhadamiste,	de Crébillon.
L'École des mères,	de Voltaire.

Tous ces noms immortels d'auteurs qui ont illustré le théâtre, nous allons les retrouver tout à l'heure au-dessous de leurs bustes. Mais avant de les passer en revue, rendons à MM. Chabrol, Chabal-Dusurgey, Edmond Hédouin, Bresset Trébutien, qui ont exécuté la décoration du foyer public, le juste tribut d'éloges qui leur est bien dû.

La Comédie-Française a établi une division naturelle dans ses riches collections : dans la partie du théâtre cachée au public, c'est-à-dire dans le foyer des artistes, dans le foyer des travestissements et dans les galeries intérieures, elle a placé les portraits et les marbres des grands comédiens, comme des modèles qu'il faut toujours avoir sous les yeux.

Dans le cabinet du directeur et dans la salle du comité, où se traitent à la fois les questions d'art scénique et de littérature, les images des auteurs et des acteurs se trouvent rapprochées et confondues.

Le foyer public, ouvert à tous, a été, au contraire, exclusivement consacré aux souvenirs des auteurs dramatiques. Depuis Molière jusqu'à Alfred de Musset et Ponsard, tous ceux qui ont remporté au théâtre des succès durables ont leur buste dans cette admirable galerie.

Voltaire seul a une statue.

Du haut de son fauteuil, Voltaire semble présider cette réunion de marbres glorieux.

Que de critiques n'a-t-on pas faites à ce sujet! Souvent nous avons entendu dire : Pourquoi a-t-on donné à Voltaire la place que Molière devait occuper?

La réponse à cette question est facile.

Les chefs-d'œuvre de sculpture que possède le Théâtre-Français n'ont pas été faits en vue de la décoration d'une salle déterminée. C'est peu à peu, par des dons généreux des artistes, des particuliers ou de l'État, que la collection de la Comédie s'est formée. Quand le foyer a été construit et qu'il s'est agi de l'orner, on s'est contenté de faire un choix parmi les objets d'art que l'on possédait.

On s'est trouvé alors en présence d'une grande statue de Voltaire et d'un petit buste de Molière. Le Voltaire de Houdon était une de ces œuvres exceptionnelles, un de ces bonheurs du ciseau qui ne se rencontrent pas deux fois en dix siècles. Fallait-il le chasser du foyer pour faire honneur à Molière? Fallait-il priver le public de la vue de ce chef-d'œuvre, ou l'exposer dans quelque autre endroit de la Comédie où il aurait été moins en lumière ? Ceux-là même, qui se sont élevés le plus amèrement contre la décoration actuelle du foyer, auraient été les premiers à se plaindre si l'on avait commis une pareille hérésie artistique.

On a fait ce que l'on devait faire en donnant à ce marbre hors ligne une place digne de lui.

La statue de Voltaire est un des grands attraits du foyer. Quelque connaissance que l'on ait de ce chef-d'œuvre, on aime toujours à le revoir. C'est le propre des choses parfaitement belles de ne jamais lasser.

Ce que l'on admire le plus dans le marbre de Houdon, c'est le talent avec lequel l'artiste a su, sans dissimuler la laideur de son modèle, l'illuminer et le rendre beau par l'expression. Jamais on n'a montré aussi clairement la pensée, éblouissante, à travers un masque aussi repoussant. Examinez tous les détails de la figure ; vous verrez des yeux saillants, des joues creuses, des rides profondes, un menton proéminent et mince, une anatomie horrible du cou. Il n'y a pas un trait qui soit régulier, pas une ligne qui soit agréable. Et cependant l'ensemble est admirable. Voltaire nous paraît transfiguré. Il est beau dans sa laideur éternellement souriante et spirituelle.

Et les mains ! — pauvres mains transparentes à force d'être maigres. Elles sortent de la draperie, et se posent, fiévreuses et crispées, sur les bras du fauteuil. Ces deux mains ridées disent assez les faiblesses et les défaillances d'un corps usé, dans lequel une seule chose, l'esprit, est restée jeune et puissante. Elles trahissent le squelette décharné de Voltaire, et nous en épargnent la vue qui serait trop pénible.

Ce qui frappe encore dans ce marbre, c'est la facilité et le naturel de la pose. Voltaire est assis, dans un large fauteuil de malade, le buste légèrement penché en avant, la tête tournée et attentive. Il a l'air de suivre une conversation commencée. La draperie qui le couvre est jetée assez habilement, pour n'avoir pas l'air d'un travestissement antique. Le croirait-on ? cette disposition, que nous admirons aujourd'hui, a été vivement critiquée autrefois. Diderot seul a pris la défense du sculpteur : « On n'en trouve pas l'attitude heureuse, a-t-il dit en parlant de la statue de Voltaire; c'est qu'on n'est pas assez touché de sa simplicité. On lui aimerait mieux une robe de chambre que cette volumineuse draperie; mais aurait-elle été aussi propre à dissimuler les maigreurs d'un vieillard de quatre-vingt-quatre ans ? » Si Houdon avait besoin d'une autre justification, nous engagerions ses détracteurs à aller voir la statue de Pigalle qui se trouve à l'entrée de la bibliothèque de l'Institut. Voltaire y est représenté sans draperie aucune. Le pauvre grand homme s'en est plaint lui-même, en accusant Pigalle de l'avoir habillé en singe.

Il faut savoir gré à Houdon de ne pas être tombé dans la même erreur. Il aurait pu y être entraîné par la coquetterie du talent, lui qui avait si savamment étudié l'anatomie humaine pour faire son fameux modèle d'*écorché*. Il ne l'a pas fait, et c'est une grande preuve de goût.

Nous avons dit, dans le chapitre consacré à l'historique du musée de la Comédie, comment ce chef-d'œuvre était devenu la propriété de la Comédie-Française. Il nous semble donc inutile de reproduire ici les documents authentiques que nous avons déjà cités.

A côté de la statue de Voltaire, qui date de 1781, on peut voir aussi dans le foyer un buste de Voltaire, exécuté par Houdon en 1778. Comme il pâlit près de la statue! Est-ce le même Voltaire ? Est-ce le même Houdon ?

Nous avons trouvé aux archives de la Comédie deux documents qui concernent ce buste — que nous estimons peu; —

mais qui fut très-apprécié par les contemporains de Houdon, et qui a son histoire.

Le premier est une lettre adressée par le semainier Des Essarts à l'artiste :

« Monsieur,

« La Comédie reconnaît et l'offre que vous lui faites et votre honnêteté et l'amour du génie, qui caractérise vos ouvrages, pour les grands hommes ; elle vous remercie du cadeau que vous voulés bien lui faire et l'accepte avec une reconnaissance proportionnée à son amour et à son admiration pour l'homme immortel dont ce buste est l'image. Elle sent pourtant le danger qu'il y aurait de placer tout autre qu'un Voltaire, en son vivant, dans le foyer, à côté des Corneille et des Racine. Elle va faire une délibération qui attestera l'exception que mérite M. de Voltaire, et qui fait, à son égard seulement, renoncer la Comédie à l'usage de n'y admettre que les morts. Le grand âge de M. de Voltaire est une excuse : l'impatience de l'immortaliser ne lui reproche point sa longue vie ; mais, grâce à elle, elle le païe comptant en ce que Molière et Corneille se sont trop hâtés d'obtenir par une mort prématurée.

« 16 mars 1778. « Des Essarts. »

Ajoutons que la Comédie reconnut le cadeau de Houdon — une lettre du 3 août 1779 en fait foi — en lui accordant en échange une entrée pour M. Dezède, qui s'était présenté chez l'artiste et qui lui offrait de payer le buste.

Houdon a fait encore, en 1778, le buste de Molière[1]. Le sculpteur a parfaitement réalisé le type que la tradition prête à notre grand génie comique. Franche et loyale, honnête et fine, la figure de Molière reflète ses pensées secrètes. Il y a du rire et des larmes, de la raillerie et de la souffrance dans tous les traits

[1] L'original en terre cuite du buste de Molière par Houdon appartient à Mme Paul Lacroix, la femme du célèbre bibliophile.

de son visage. Il y a de la noblesse et de la force dans cette tête, qui se tourne; de la grâce dans le mouvement de la perruque, dont le côté gauche est rejeté sur l'épaule; mais ce que l'on trouve surtout dans la physionomie de Molière, c'est le cœur. On se sent attiré vers ce marbre vivant par une sympathie invincible, et cela explique comment il est devenu si populaire. Mais — c'est ici que commence la critique — on peut lui adresser un reproche terrible. Il ne ressemble nullement à Molière. Ce ne sont ni les traits, ni la coiffure de notre grand auteur comique; c'est un buste fait au goût du jour, une adaptation, que démentent tous les portraits peints et écrits du temps de Molière. Que signifient cet enjolivement, cette beauté prêtée à un homme qui avait plus d'esprit que de beauté; cette coiffure du xviiie siècle, cette petite calotte, données gratuitement à un contemporain de Louis XIV?

Le talent dépensé par Houdon dans ce merveilleux morceau de sculpture, loin d'être une excuse à sa faute, est une aggravation. Autant il est louable à un grand artiste de faire le portrait exact d'un grand homme, autant il est criminel d'en composer une image toute de fantaisie. Molière n'a pas à se plaindre, dira-t-on peut-être, on l'a flatté. Certes, c'est un beau monsieur que Houdon a sculpté, c'est une allégorie du génie comique, si l'on veut; mais ce n'est pas Molière. Et que répondre à cela?

C'est à Sedaine, qui abandonna tous ses droits sur la *Gageure imprévue*, que la Comédie doit cette œuvre sur laquelle la critique peut s'exercer sans diminuer sa valeur artistique. Ce sera toujours un admirable morceau de sculpture.

Les bustes de Pierre et de Thomas Corneille ramènent ici le nom de Caffieri. Nous avons publié précédemment, à propos des tableaux qui ont servi de modèles au sculpteur, deux lettres qu'il adressa à la Comédie-Française, et qui renferment des détails fort intéressants. Nous nous bornerons à les rappeler ici. Outre les bustes des deux Corneille, la Comédie possède encore plusieurs portraits sculptés par Caffieri.

Ainsi que nous l'avons déjà dit, les relations de l'artiste avec les comédiens remontent à la mort de Piron, en 1773. C'est alors qu'il offrit, par l'entremise de Molé, de faire le buste de l'auteur de *la Métromanie*, en échange d'une entrée à vie.

Le buste du poëte dijonnais est donc le premier qui ait figuré dans la belle collection du Théâtre-Français. Il fut achevé et livré en 1775. Caffieri a très-bien rendu dans son œuvre la physionomie sensuelle de Piron, ses yeux pétillants d'esprit, son menton à deux étages. Mais il nous est impossible de ne pas préférer à ce buste celui de Rotrou, où l'inspiration du sculpteur nous semble avoir été plus haute. Ce buste de Rotrou est certainement la plus enlevée des œuvres de Caffieri. La mine du poëte est fière; sa moustache galamment retroussée, son air cavalier, son large col de dentelles, rattaché par une torsade de soie dont les glands retombent sur un manteau à l'espagnole, en font un type achevé de gentilhomme. Caffieri a très-heureusement disposé les cheveux; tout en leur conservant une chute naturelle, il a su les écarter assez du visage pour lui ménager un cadre d'ombre. Grâce à cet artifice, la figure ressort et s'empreint d'un caractère à la fois gracieux et énergique. C'est bien ainsi que l'on aime à se représenter l'auteur de *Venceslas*, le grand citoyen qui mourut victime de son devoir. Il était à Paris, en effet, lorsqu'il apprit qu'une épidémie terrible ravageait la ville de Dreux, dans laquelle il remplissait les fonctions de lieutenant criminel. Il n'écouta que sa conscience et partit. La mort l'attendait.

Bien différent du Molière de Houdon, Rotrou est ressemblant. Une lettre de Caffieri, datée du 22 décembre 1783, nous fournit des indications précieuses à ce sujet. Parlant de ce buste, le sculpteur dit :

« Je l'ai fait d'après le tableau original qui m'a été prêté par M. de Rotrou, auditeur des comptes, arrière-petit-neveu du poëte. Il a ajouté à ce service celui de me communiquer la généalogie de la famille des Rotrou, qu'il m'a prié de vous faire accepter pour servir à l'histoire du théâtre. »

Le 12 décembre 1782, Caffieri, qui semble prendre à tâche d'enrichir le musée de la Comédie, écrit encore :

« J'ai l'honneur de vous proposer de faire les portraits en marbre de Jean-Baptiste Rousseau et de René Le Sage, pour les entrées de ma nièce et d'un ami que je désire obliger. »

L'échange fut accepté pour le buste de Jean-Baptiste Rousseau seulement, et l'entrée à vie, donnée à l'artiste, fut attribuée à son ami en 1787, dès que l'œuvre eut été livrée.

Quant à la nièce du sculpteur, elle dut attendre bien longtemps avant de jouir de cette faveur.

Nous n'avons retrouvé aucun document relatif au buste de La Chaussée, daté de 1785 ; et pourtant Caffieri écrivait volontiers.

A propos du buste de de Belloy, il y a toute une volumineuse correspondance dans laquelle se trouvent les passages suivants :

« 22 décembre 1788.

« Messieurs et Dames,

« J'ai l'honneur de vous proposer le buste en marbre de feu de Belloy, de même grandeur et aux conditions que j'ai fait les autres, pour les entrées de M. le comte de Buffon, fils de feu M. le comte de Buffon, de l'Académie française. »

Cette proposition — il faut bien le dire — ne fut pas acceptée sans difficulté. Les comédiens trouvaient qu'il y avait déjà trop de bustes de Caffieri dans leur foyer.

Le sculpteur se formalisa et répondit sur un ton aigre-doux par la lettre que voici :

« J'auray l'honneur de vous observer que le buste en question est tout prêt ; qu'enfin, en convenant que M. de Belloy est digne de cet honneur, vous ne pouvés pas, j'ose le dire, en avoir une ressemblance plus frapante, actuellement qu'il est mort, que celle que j'ai l'honneur de vous offrir et qui est faite d'après nature, à moins qu'on en fasse le marbre d'après mon modèle, ce qui serait une indignité dont je ne crois capable aucun de mes confrères... »

Après avoir rappelé quels liens d'amitié l'unissaient à de Belloy, Caffieri répond au reproche d'avoir accaparé la majeure partie des bustes qu'il y avait à faire :

« J'aurai l'honneur de vous répondre à cela, que je n'ai jamais été au-devant de personne pour cette objet. Après que j'eus offert à la Comédie le buste de Piron, pour mes entrées, et que la Comédie eut manifesté le désir d'en avoir d'autres, aux mêmes conditions, plusieurs personnes s'adressèrent à moi comme ayant été le premier qui avait songé à ce moyen d'honorer la mémoire des auteurs célèbres qui ont illustré notre théâtre. J'ai fait, avec votre agrément, ceux qu'on m'a demandés. »

Les comédiens ne se laissèrent pas toucher par ce plaidoyer. Ils furent un peu ingrats envers l'artiste auquel ils devaient tant de bons offices.

Mais Caffieri était tenace. Il s'entêta. Le 15 février 1792, il écrivit encore :

« Il y a douze ou quatorze ans que M. Buirette, comme héritier de feu M. de Belloy, son cousin, a vendu toutes ses pièces à MM. les comédiens français. Par le même traitement il a obtenu ses grandes entrées à ce théâtre, à condition qu'il donnerait à la Comédie le buste en marbre de feu M. de Belloy; depuis ce moment M. Buirette jouit de ses entrées, sans avoir satisfait à son engagement. »

Ce fut la dernière lettre du sculpteur. Six mois après, le 23 juillet 1792, les comédiens recevaient un petit mot de sa nièce, leur annonçant que Caffieri, mort depuis un mois, lui avait légué en mourant le buste de M. de Belloy pour qu'elle pût le leur offrir en échange de ses entrées.

Cette fois la proposition fut acceptée.

C'est un élève de Caffieri, c'est Foucou qui a sculpté le remarquable portrait de Regnard, qui se trouve dans le foyer public. Il faut reconnaître que l'artiste a été bien inspiré dans cette composition. La figure est belle et expressive. Le détail de l'exécution ne laisse rien à désirer. La perruque bouclée, ondoyante et longue, est finement traitée. Les draperies sont hardies. Le mouvement général est bon.

Le 30 janvier 1781, Foucou offrit de faire, en échange d'une entrée, un nouveau buste : « celui de Dufresny dont le caractère de tête est très-beau et que j'aimerais à faire, d'autant plus que j'aurais le secours d'une bonne estampe. »

A l'assemblée du 26 février 1781, les comédiens discutèrent sa proposition. Depuis plus d'un an, le buste de Dufresny avait été commandé à Pajou. On se décida à demander à Foucou le buste de Dancourt.

C'est ainsi que le portrait de Dancourt, qui n'est pas une œuvre ordinaire, figure dans la galerie des bustes.

Le buste de Destouches est dû au ciseau de Pierre-François Berruer. Il compte parmi les meilleures œuvres de ce sculpteur, auquel le théâtre de Bordeaux doit ses belles statues de Polymnie, Thalie, Melpomène et Terpsichore; Berruer était à l'apogée de son talent quand il fit cette composition en 1781. Son Destouches est beau ; il a des traits distingués, un sourire particulièrement bon et spirituel. Sa perruque n'est pas frisée comme celle de Regnard, elle descend simplement en mèches et en boucles pendantes.

D'Huez a copié, en 1778, le buste de Crébillon, que l'on voit au foyer, sur un buste que Lemoyne avait fait en 1760, d'après un portrait de Quentin de La Tour. Pour n'avoir pas le mérite de l'invention, d'Huez n'en a pas moins celui de l'exécution, et l'exécution est parfaite. Le masque accusé de Prosper Jolyot de Crébillon dénote un caractère ferme. Les sourcils froncés lui donnent l'air dur. Et cependant l'auteur de *Rhadamiste* était bon; mais il se plaisait à ne mettre en scène que des sujets terribles. « Son génie nous asservit, dit un de ses biographes; mais c'est en tyran, à force de nous faire trembler et d'étaler à nos yeux le carnage et l'horreur. »

Le buste de Racine a été sculpté en 1779 par Simon Boizot, qui a fait aussi la statue de Racine placée dans le vestibule de l'Institut.

Encouragés par l'exemple de Caffieri, tous les grands sculpteurs de la fin du XVIII° siècle vinrent mettre leur talent au service des comédiens. Augustin Pajou, surnommé par ses contemporains le Restaurateur de l'art statuaire, ne fut pas le dernier à faire des offres qui furent acceptées avec empressement. Le 22 octobre 1779, il écrivit aux comédiens une lettre qui commence ainsi :

« Tout le monde sçait combien votre compagnie désire rassembler sous ses yeux et sous les regards du publique les bustes des grands hommes qui ont illustré la scène française, dont elle représente tous les jours les chefs-d'œuvre... »

Pajou termine en remerciant les comédiens de lui avoir donné à faire le buste de Dufresny. Foucou trouvait que c'était un beau sujet à traiter. Pajou lui a donné raison en exécutant avec sa fermeté et sa pureté ordinaires le portrait de Dufresny qui termine la collection exposée dans le foyer de la Comédie.

On le voit, tous ces bustes de grands hommes sont signés par des noms de grands artistes, et partout le ciseau est à la hauteur du modèle.

Une autre remarque : tous les marbres que nous venons d'énumérer ont complétement perdu aujourd'hui la crudité du marbre neuf pour prendre cette blancheur adoucie que Canova obtenait artificiellement. Le temps a estompé les creux et donné, suivant les indications du sculpteur, de la vie aux chairs et de l'expression aux regards; il a fait sa grande distribution de lumière et d'ombre, et achevé, en maître, l'œuvre de l'artiste. Contrairement aux marbres frileux qui s'effritent et se gercent pendant les nuits d'hiver, ceux-là, maintenus dans une atmosphère favorable, ont toujours gagné en beauté et en douceur. Ils sont aujourd'hui plus admirables qu'au jour de leur création.

Avant de quitter le foyer, arrêtons-nous devant la vaste cheminée de marbre blanc qui le décore. Cette cheminée est un véritable monument, dont le fronton est destiné à recevoir l'image du prince ou du principe régnant. C'est assez dire que le couronnement de l'édifice varie assez souvent.

Le buste mobile du fronton n'est heureusement pas le seul ornement de la cheminée. Elle est décorée par un bas-relief, qui représente le couronnement de Molière. Le buste de Molière, placé sur un piédestal, occupe naturellement le milieu de la scène. De chaque côté, s'avancent, portant des couronnes d'immortelles, les types éternels de ses comédies, Célimène, Agnès, le Malade imaginaire, Tartuffe, le Misanthrope, Mercure, Scapin, Léandre, le Bourgeois gentilhomme, Mme Pernelle; on ne compte pas moins de seize personnages très-habilement groupés.

deux par deux ou trois par trois. Cela est très-bien comme composition; mais il est regrettable qu'aucun des types de la comédie mis en scène ne ressemble à l'original. L'artiste se proposait, paraît-il, de faire de ce bas-relief une série de portraits. On ne reconnaît dans son défilé que M. Provost.

Notre visite au salon est terminée, il ne nous reste plus qu'à parcourir la galerie qui lui fait suite.

Là nous trouverons les bustes de Le Sage par Desbœufs (1842), de Diderot par Lescorné (1853), de Sedaine par Gatteaux (1843), de Beaumarchais par Mathieu Meusnier (1852), de Collin-d'Harleville par Oliva (1868), et enfin les quatre derniers bustes placés : Scribe par Mlle Fanny Dubois-Davesne (1865), Alfred de Musset par Mezzara (1867), F. Ponsard par Franceschi (1869), et Marivaux par Mlle Fanny Dubois-Davesne (1874).

Parmi les plus curieux, notons le buste de Diderot, qui se distingue par le caractère antique de la tête. Malgré la cravate à effilés et le gilet moderne, on le prendrait pour un romain.

La figure de Collin-d'Harleville, maigre, jeune, inspirée, est vraiment saisissante. C'est un marbre devant lequel il y a toujours du monde.

Musset surtout, Musset le poëte aimé, qui revit dans l'œuvre de Mezzara, reçoit chaque jour de pieuses visites. Souvent des groupes s'arrêtent pour le contempler; aucune physionomie ne reste indifférente alors. Les unes s'assombrissent, les autres s'éclairent : double hommage de regret et d'admiration.

Au bout de la galerie s'élevait autrefois la fameuse statue de la Tragédie par Clésinger. Elle a été remplacée, au mois de juin 1877, par la statue de George Sand, due au ciseau du même artiste. Cette œuvre date de trente et quelques années. Mme Sand y est représentée dans toute la force de l'âge — on pourrait presque dire de la beauté. — Elle est assise sur une sorte de chaise curule, en costume grec et les pieds nus. Cette statue appartenait à M. Émile de Girardin, qui a bien voulu la céder au directeur des Beaux-Arts, afin que le musée de la Comédie possédât un beau portrait de l'auteur du *Marquis de Villemer*.

GALERIE DU PARTERRE, VESTIBULES

PETITE GALERIE DU PARTERRE

Le public, qui visite pendant les entr'actes le foyer et la galerie des bustes, peut encore passer en revue les marbres qui sont placés dans la petite galerie du parterre, dans l'escalier de la salle, et dans les deux vestibules.

La petite galerie du parterre, assez obscure, ne contient que quatre bustes de médiocre qualité : un buste de Casimir Bonjour, un buste de Beaumarchais, un buste de Marivaux, exécuté par Fouginel en 1843, offert par le sculpteur à la Comédie-Française, et enfin un buste d'André Chénier par Etex, qui a été fait en 1839. Sur le côté gauche du socle de ce dernier portrait — le plus supportable des quatre — on lit ces mots : « Hommage à la mémoire d'André Chénier. »

Quittons ces oubliettes du Musée Molière et prenons le grand escalier.

GRAND ESCALIER

Voici un buste d'Alexandre Duval très-ressemblant; un buste de Ducis signé par Taunay et daté de 1812; un buste d'Andrieux, né sous le ciseau de Carle Elshoëct en 1836, et enfin un buste de Picard par Dantan aîné, 1838.

Ces marbres ne sont bons qu'à remuer des noms et à évoquer des souvenirs. Ils ne parlent pas à notre admiration.

Une lettre adressée par M. Iselin à la Comédie-Française, le 5 mars 1858, nous apprend que nous ne sommes pas seuls de cet avis — au moins en ce qui concerne le buste de Picard.

M. Iselin, ayant fait le buste de Picard pour l'Académie française, écrit ceci :

« Le modèle original de ce buste me reste à mon atelier et j'ai l'honneur de vous l'offrir pour la Comédie-Française en remplacement de celui que vous possédez et qui, selon votre opinion, Monsieur le Directeur, laisse tant à désirer sous le rapport artistique et surtout comme ressemblance. »

Il faut que nous poursuivions notre chemin jusqu'au

PREMIER VESTIBULE

Entrée par la rue Richelieu

pour trouver une œuvre remarquable. Cette œuvre, c'est la statue de *Talma étudiant un rôle*, faite par David d'Angers en 1837. L'artiste, qui s'est rendu célèbre par tant de sublimes inspirations, a donné à Talma, en même temps que le costume, l'attitude d'un César songeant aux destinées de son empire.

Grâce à cette idée, il a évité de nous représenter Talma en habit à collet haut, en culotte courte, en bottes. Un autre, moins artiste, eût représenté le grand tragédien tout battant neuf, à la dernière mode, un Talma sortant de la Belle-Jardinière, et nous n'aurions eu qu'un faux Talma, tandis que le Talma héroïque, drapé, à moitié nu, montrant la gloire de son torse, tel que David d'Angers l'a créé, est le seul Talma dont la postérité puisse se souvenir.

Cette œuvre curieuse, qui semble accueillir les spectateurs à l'entrée du théâtre, et à laquelle les colonnes du vestibule font un cadre harmonique, était destinée primitivement à figurer sur le tombeau de Talma dans le cimetière du Père-Lachaise. La Comédie-Française avait souscrit pour dix mille francs pour sa part. Quelques années s'écoulèrent; on éleva à Talma un monument qui ne comportait plus de statue, et David d'Angers ayant terminé son travail, le donna le 29 mars 1837 à la Comédie qui n'avait encore versé qu'un à-compte et qui compléta alors sa souscription par un nouveau versement de quatre mille francs.

Talma n'est pas seul à l'entrée de la Comédie-Française; deux statues allégoriques lui servent de cortége. Toutes deux sont de Duret; toutes deux portent la date de 1857. L'une d'elles représente la Tragédie méditant ses péripéties sanglantes, ses plus sombres dénoûments; l'autre, plus souriante et plus aimable, personnifie la Comédie.

C'est aussi sous la colonnade du grand vestibule que s'élève, depuis le mois de juin 1877, la fameuse statue de Clésinger. Bien qu'elle porte inscrits sur son piédestal ces mots : « La Tragédie, » tous ceux qui la regardent disent : « Rachel. » C'est elle, en effet, qui d'une main tient un poignard et qui ramène, de l'autre, le peplum antique sur son sein nu. C'est elle, la grande et la sublime, qui personnifie pour nous l'art tragique dans ce qu'il a de plus élevé.

SECOND VESTIBULE

Entrée par la rue Saint-Honoré

Ici encore deux statues, placées dans les encoignures du vestibule, attestent par la beauté de leur exécution des sentiments artistiques auxquels la maison de Molière s'honore d'être fidèle.

Que représentent ces statues? — La Tragédie et la Comédie.

Mais hâtons-nous de dire que les allégories de ces deux genres dramatiques ont pris corps cette fois. Il ne s'agit plus de figures de fantaisie dont l'une sera plus renfrognée que l'autre. Les artistes ont eu la bonne idée de personnifier la Tragédie par Mlle Rachel, et la Comédie par Mlle Mars. De cette façon, les partisans de l'allégorie et ceux du portrait — et nous nous rangeons parmi ces derniers — sont pleinement satisfaits.

C'est à M. Duret que nous devons la statue tragique de Rachel; c'est M. Gabriel Thomas qui a symbolisé la Comédie sous les traits de Mlle Mars. Ces deux statues, ainsi qu'il résulte d'une lettre du ministère des beaux-arts conservée aux archives, font partie du Musée du Théâtre-Français depuis l'année 1865.

On sait qu'une galerie réunit les deux vestibules. La place étant rare, on s'est empressé d'y placer quelques portraits sculptés, et ce ne sont pas les plus mauvais.

Nous remarquons dans le nombre un buste d'Étienne par Vilain, qui a été offert à la Comédie-Française par le fils de l'auteur dramatique; un buste de Mme de Girardin par Lévêque;

un buste de Baron par Fortin, dont la date seule, 1802, est en quelque sorte la condamnation; et enfin deux marbres plus vigoureux, plus artistiques que les autres : le portrait sculpté de Casimir Delavigne, et celui de M.-J. Chénier, tous deux exécutés par David d'Angers pendant les années 1844 et 1845.

LE MUSÉE DES COMÉDIENS

LE FOYER DES ARTISTES

N entrant dans le foyer des artistes de la Comédie-Française, il semble que l'on se trouve dans la galerie des portraits d'une ancienne et glorieuse famille.

Comme dom Ruy-Gomez faisant la grandiose énumération des Sylva, les sociétaires actuels peuvent, en effet, montrer les images respectées de leurs ancêtres. Voici Molière, le génie puissant et humain; voici Baron, reflet du maître. Voici Poisson, le père du rire; voici Lekain, qui donna l'élan tragique. Voici Talma! voici Rachel!

Dans cette famille sans pareille, tous les aïeux se sont illustrés; ceux qui vivent aujourd'hui s'illustrent, et ceux qui viendront plus tard, obligés par deux siècles de noblesse, devront s'illustrer à leur tour. Famille d'élection, s'il en fut. On n'y est admis qu'après avoir fait ses preuves; et les plus humbles de ses membres seraient encore les premiers ailleurs. Aussi n'y a-t-il pas à citer, depuis deux cents ans, un comédien qui ait dégénéré, un sociétaire qui ait été au-dessous de sa mission. De Molière à

Coquelin, de Baron à Delaunay, l'art s'est transmis comme un précieux héritage. Le talent est une tradition de la maison, comme le succès une habitude.

La décoration du foyer, ou, pour mieux dire, du salon des artistes, est à la fois simple et magnifique. Pas d'or, pas de clinquant; c'est un intérieur distingué. Un canapé et des fauteuils Louis XIV, sculptés magistralement en plein chêne, une horloge à secondes de Robin, des glaces gigantesques, composent un mobilier de style en rapport avec les richesses artistiques de la maison de Molière.

Mais ce ne sont pas les meubles que l'on regarde en pénétrant dans le foyer. L'attention est bien vite attirée par les portraits qui couvrent les murs, serrés les uns contre les autres, se touchant du cadre, au point de dissimuler complétement la couleur des tentures.

Parmi toutes ces toiles, il en est une vers laquelle on va tout d'abord — presque malgré soi, — c'est celle qui représente Molière et qui a été peinte par Mignard.

Ce portrait faisait primitivement partie de la galerie de M. Vidal, ancien artiste de l'Opéra. Quand cette collection fut vendue, le 7 février 1868, M. Étienne Arago, voulut bien, à titre d'ami, se charger d'acheter cette toile pour le compte de la Comédie-Française. Le portrait lui fut adjugé pour la somme de 6,500 francs.

Le bruit qui se fit autour de cette vente attira l'attention des critiques d'art. On discuta beaucoup à cette époque pour savoir quel était le véritable auteur du portrait. Les uns crurent y reconnaître le pinceau de Van Schuppen; les autres tinrent bon pour Mignard. La victoire est restée à ces derniers. Il est avéré aujourd'hui que l'auteur du portrait n'est autre que le grand Pierre Mignard, à qui Molière dédia son poëme du Val de Grâce.

L'œuvre en question est, du reste, digne du maître portraitiste.

Notre confrère et ami, M. Jules Claretie, nous permettra de citer la description qu'il en a faite [1] :

« Ce n'est plus là le Molière attristé, consumé et ravagé, que nous connaissions par le portrait du Louvre; c'est un Molière plus jeune, non pas souriant, mais moins amer, plus confiant, regardant avec une sorte de défi cette existence qu'il contemplera bientôt avec abattement.

« Sur ce portrait, Molière a dépassé la trentaine; c'est un homme vigoureux, ardent, levant ses grands yeux inquisiteurs sur les hommes et sur les choses. C'est « l'acteur » que nous a peint Mignard. Molière, dans le costume de César de *la Mort de Pompée,* est représenté en toge rouge, le bâton de commandement à la main. Le bras et le cou sont nus. Sauf la longue perruque couronnée de laurier, c'est le costume romain dans son intégrité, et c'est chose curieuse à noter que Molière, qui, auteur dramatique, introduisit la réalité dans la comédie, acteur, ait voulu l'introduire aussi dans la tragédie. Son costume est, en effet, à peu de chose près, exact, authentique. Molière avait rêvé ce que Talma accomplit plus tard.

« Ce portrait date de l'arrivée de Molière à Paris. Il ne joua guère en effet de tragédie qu'à cette époque. C'est une bonne fortune pour la Comédie-Française que la possession d'un tel chef-d'œuvre. Non-seulement l'œuvre d'art est superbe, d'une conservation parfaite, — quelques repeints exceptés, dans le bras, — mais encore c'est là comme une page d'histoire. On s'imagine, en la voyant, Molière portant déjà son monde dans sa tête, et songeant enfin à l'animer. Et c'est ce regard qui confond : de grands yeux enflammés, à prunelles ardentes. Tout le

---

[1] *Molière, sa vie et ses œuvres,* par Jules Claretie. Paris, 1873, Alphonse Lemerre. éditeur. P. 149.

visage d'ailleurs exprime un bouillonnement intérieur, une soif de lutte, une certaine appréhension, l'émotion de la veillée des armes, mais aussi la conscience même de la force. Les narines du comédien qui va entrer en scène, de l'auteur qui va faire mouvoir ses personnages, battent comme des naseaux qui sentent l'odeur de la poudre. Et cette bouche ironique et confiante à la fois, regardez-la : regardez cette lèvre supérieure, arquée comme celle d'Alceste, cette lèvre inférieure déjà lasse et froncée comme celle d'Arnolphe. Tout cela est vivant, c'est bien ainsi qu'on pouvait imaginer l'auteur de Don Juan et du Misanthrope. »

La vue de ce beau portrait fait regretter davantage la perte d'un autre portrait, peint également par Mignard, et qui représentait, non plus le Molière héroïque de la scène, lauriers en tête et cuirasse au flanc, mais le Molière intime, au milieu de ses livres et de ses manuscrits. De cette œuvre exquise du peintre il ne reste plus malheureusement qu'un souvenir : une gravure faite par Nolin, en 1685. Elle nous montre Molière assis sur une chaise de cuir à dos carré, enveloppé dans une large robe de chambre boutonnée aux manches, tenant d'une main une plume, et de l'autre un livre ouvert. Ce livre, on pourrait presque affirmer que c'est le Montaigne mentionné dans l'inventaire des objets appartenant à Molière. Quelle autre lecture pourrait, en effet, donner à la physionomie du poëte comique ce sourire triste et doux, cette gravité pensive du regard.

Bien que nous ne puissions plus voir l'œuvre de Mignard que dans la traduction de Nolin, nous sentons que de tous les portraits de Molière, c'est celui du Molière intime que nous aurions préféré. Mais, à défaut de cette image sympathique et familière, nous plaçons au premier rang le portrait scénique qui se trouve au foyer de la Comédie.

A notre connaissance, le portrait héroïque de Molière par

Mignard, a été gravé deux fois : par Gilbert, pour le numéro de la *Gazette des beaux-arts* du 1ᵉʳ mars 1872, et par Chenavard pour la grande édition des œuvres de Molière, éditée par Furne en 1860.

La figure de Molière acteur se retrouve dans une autre toile du foyer. Ce tableau des plus curieux représente un décor de place publique au milieu duquel les comiques célèbres prennent les attitudes les plus réjouissantes. Détail original, la place publique est éclairée par des lustres. Au premier plan, fume une rangée de chandelles : la rampe primitive. Dans la partie haute, un écusson fleurdelisé fait saillie sur un flot de banderolles qui portent cette inscription : *Farceurs françois et italiens depuis 60 ans et plus peints en 1670.*

Ils sont tous là, en effet, dans leurs costumes étranges, les rieurs d'Italie et de France. Voilà le Capitan Matamore, le grand faiseur d'égorgements. Écoutez comme il traite les veillaques qui ont l'air de trembler devant lui :

> Je te donne le choix de trois ou quatre morts.
> Je vais d'un coup de poing te briser comme un verre
> Ou t'enfoncer tout vif au centre de la terre ;
> Ou te fendre en dix parts, d'un seul coup de revers ;
> Ou te jeter si haut au-dessus des éclairs,
> Que tu sois dévoré des feux élémentaires.
> Choisis donc promptement et pense à tes affaires.

Près de ce tranche-montagne se tient le docteur Graziano Baloardo, qui ne saurait ouvrir la bouche sans cracher une sentence, ni dire trois paroles sans estropier une citation latine. Plus loin Arlequin et Turlupin se livrent à une conversation animée ; écoutons-les :

« Turlupin promet à Arlequin de lui faire épouser Colombine s'il veut le seconder dans une nouvelle fourberie. Pendant que Turlupin songe à son projet, Arlequin compte les boutons de son justaucorps, et, à chaque bouton, dit :

— J'aurai Colombine, je ne l'aurai pas ; je l'aurai, je ne l'aurai pas. (Il pleure.) Je ne l'aurai pas !

Turlupin. — Qu'avez-vous ? Pourquoi pleurez-vous ?
Arlequin. — Je n'aurai pas Colombine ! hi ! hi ! hi !
Turlupin. — Qui est-ce qui vous a dit cela ?
Arlequin. — C'est la boutonomancie ! »

Polichinelle est aussi dans ce tableau, mais ce n'est pas le Polichinelle reluisant d'or et de pourpre que nous connaissons aujourd'hui, c'est Pulcinella, l'une des mille incarnations de ce type comique qui parut pour la première fois à Rome en l'an 540.

Vêtu de ses pantalons rouges, de sa robe d'indienne, coiffé de son bonnet de laine, chaussé de ses pantoufles turques, le vieux Pantalon, le pince-maille, le pleure-pain de la comédie italienne, accompagne ce gredin de Polichinelle. Il est songeur. Penserait-il à se venger d'Arlequin son homme de confiance, qui met des queues à ses o pour faire des 9 ou qui lui présente des mémoires ainsi conçus :

	Livres.	Sols.
Pour un quartier de veau rôti et un emplâtre d'onguent pour la gale, ci	3	10
Pour une livre de beurre frais et pour avoir fait ramoner la cheminée, ci		12
Pour des tripes et pour une souricière, ci. . . .		19
Pour un pâté pour Arlequin et deux mesures d'avoine pour le patron, ci.	1	19
Total	20 l.	7 sols.

Il nous reste encore à citer Brighella, très-bavard parce que son père était muet et qu'il lui a laissé un capital de paroles toutes neuves et qui n'avaient jamais servi. Ses dettes ont fait de lui une étoile qui ne se laisse voir que la nuit. Pour échapper à ses créanciers, il est si employé, si affairé, qu'il n'a pas même le temps de se gratter. On ferait un livre en rappelant les plaisanteries habituelles des autres bouffons qui figurent encore sur cette toile amusante: Guillot-Gorju, Gros-Guillaume, Gaulthier-Garguille, Philippin, Trivelin et Scaramouche. Comme l'a dit Montaigne, en parlant des Italiens et de leurs farces : « Ils ont de quoi rire partout. »

L'auteur de cette composition mouvementée a donné à tous les comédiens que nous venons d'énumérer les poses les plus invraisemblables. Il a voulu, sans doute, au comique du caractère ajouter le comique du geste. Trois figures seulement ont été traitées par lui avec une évidente déférence : Jodelet, Poisson et Molière.

Jodelet est au second plan ; c'est un personnage effacé ; cependant il se tient droit. Poisson, au premier plan, semble haranguer le public. Enfin, Molière, calme et digne, est debout, à la gauche du tableau, montrant du doigt les fantoches de la comédie italienne.

Le grand comique a la tête légèrement inclinée vers la droite, le bras gauche pendant, le bras droit ramené devant la poitrine. Le poids de son corps porte sur la jambe gauche. La jambe droite, un peu écartée de l'autre, est prête à se soulever de terre.

Son attitude, sa taille, sa physionomie correspondent exactement au signalement que nous a laissé Mlle Poisson. « Molière, a-t-elle dit, n'était ni trop gras, ni trop maigre ; il avait la taille plus grande que petite, le port noble, la jambe belle, l'air sérieux, le nez gros, la bouche grande, les lèvres épaisses, les sourcils noirs et forts et le teint brun. Il marchait gravement. »

Sur le tableau des *Farceurs*, Molière a de plus une assez forte moustache noire et une royale : on sait que Molière avait, avant d'entrer en scène, l'habitude de se noircir la moustache, qu'il avait très-fine. Pour certains rôles, pour *Sganarelle* notamment, il s'ajoutait une large barbe.

Quant au costume que porte Molière, il se compose d'un feutre noir, d'un pourpoint, d'un petit manteau, d'un haut-de-chausses petit musc, col rabattu bordé d'une dentelle, bas de soie, souliers à bouffettes. Or, ce costume est celui d'Arnolphe dans *l'École des Femmes*.

Voilà plus de preuves qu'il n'en faut pour établir l'authenticité du portrait de Molière. Aucune autre de ses images ne réunit des garanties aussi sérieuses d'exactitude.

Maintenant, il est intéressant de dire comment ce tableau des *Farceurs* est devenu la propriété de la Comédie-Française. Une lettre intime adressée par M. Régnier à M. Guillard, archiviste des Français, donne à cet égard tous les renseignements désirables.

« 23 avril 1873.

« C'est à Sens, et autant qu'il m'en souvient, en 1838[1], que j'ai trouvé le tableau des *Farceurs françois et italiens* que possède aujourd'hui le Théâtre-Français. Il était alors la propriété d'un jeune antiquaire, M. Alfred Lorne. M. Lorne se donnait un jour la joie de me promener et de me faire admirer ses bibelots assez mélangés; je tombai tout à coup en arrêt devant sa curieuse toile. M. Lorne, qui l'appréciait médiocrement, me dit qu'elle provenait de la galerie du cardinal de Luynes, ancien archevêque de la ville de Sens; que c'était à Sens même que lui, Lorne, l'avait achetée, et il me proposa de me la céder au prix qu'il l'avait payée, cent francs. J'acceptai sur-le-champ ce marché, pour moi dérisoire; mais je ne cachai pas à mon vendeur qu'il ferait une meilleure affaire en donnant sans conditions son tableau à la Comédie-Française. Il goûta mon avis. Le tableau nous fut offert; nous l'acceptâmes et notre

[1] M. Régnier fait ici une petite erreur de date. Nous avons eu entre les mains la lettre de M. Vedel, directeur du Théâtre-Français, adressée à M. Alfred Lorne pour le remercier du cadeau qu'il avait fait à la Comédie. Cette lettre est datée du 20 février 1845.

remercîment fut une entrée à vie donnée à M. Lorne. Hélas! il n'en a pas joui longtemps; dans l'année même, il était mort.

« Voilà pour la provenance du tableau.

« Quel est le nom du peintre? — Je n'en sais rien. Il ne peut, en tout cas (son œuvre le prouve), avoir aucune célébrité. La valeur artistique de l'œuvre, que nous ne dédaignerions point, n'est cependant pas ce qui en constitue le mérite. — La peinture n'est pas signée; mais elle est datée. Le millésime de 1670 est indiqué sur la banderolle qui flotte dans la hauteur du tableau. — A cette date, Molière vivait encore; Poisson aussi; mais tous les autres personnages reproduits sur la toile étaient depuis longtemps morts ou disparus. Toutes ces figures sont des reproductions plus ou moins réussies de gravures connues de Callot ou d'Abraham Booz. Quant aux deux portraits de Molière et de Poisson, ils sont d'une peinture meilleure, plus solide. Le peintre semble avoir eu les modèles sous les yeux, ou tout au moins leurs costumes. Le portrait en pied de Poisson, par Netscher, que nous possédons, garantit d'abord la ressemblance de ce bon comédien sur notre grand tableau..... Quant à celle de Molière, tous les portraits connus la confirment, et elle accuse bien franchement sa moustache de théâtre « cette large barbe au milieu du visage » dont Martine signale la couleur dans *le Médecin malgré lui.* Il faut en outre remarquer que le costume de notre peinture est exactement celui de Sganarelle, tel qu'il est indiqué dans l'inventaire même des habits de Molière, retrouvé et mis au jour par M. Eudore Soulié. La coupe de l'habit, sa couleur, tout est identique. Donc, nous avons ici, à n'en pouvoir douter, un monument authentique, un vrai portrait de Molière en costume de comédien.

« Le tableau, dans son ensemble, n'a pas été gravé. Je ne compte pas comme gravure une reproduction fort médiocre de *l'Illustration* qui le représente par à peu près.

« Le *Magasin pittoresque* a donné un excellent portrait isolé de Molière. Ce portrait, j'espère l'obtenir de l'administration de ce journal et en enrichir notre manuscrit Lagrange.

. . . .

« Régnier. »

Que ce soit, comme le pense M. Régnier, sous son costume

de l'*École des Maris* que Molière ait été représenté, ou que ce soit sous son costume de l'*École des Femmes*, qui ressemble fort au premier, il n'en est pas moins prouvé, établi, reconnu que c'est bien Molière qui figure sur cette toile en compagnie des bouffons français et italiens.

Plusieurs écrivains se sont élevés contre le peintre qui a ainsi confondu le grand Molière parmi les farceurs de son temps. Ils se trompent, croyons-nous, sur l'intention de l'auteur de cette composition.

Si l'on avait représenté Molière perdu dans la foule des bouffons, courbé comme eux, revêtu comme eux d'un costume grotesque, nous comprendrions cette critique; mais il n'en est pas ainsi. Molière est isolé; son attitude est noble et fière. Et il porte son costume de l'*École des Femmes* !

Pour quiconque apprécie comme elle le mérite cette œuvre si humaine, si pleine de passion et de force comique, ce costume de l'*École des Femmes* est un indice qui ne peut tromper. Que l'on songe encore à ceci, c'est que l'*École des Femmes* parut en 1662, et que le tableau en question a été fait en 1670. C'est donc huit ans après le succès de cette comédie que le peintre, homme de goût sans doute, va rechercher ce costume pour personnifier le genre de Molière.

Non, certes, il n'y a pas dans cette toile cette promiscuité étrange que l'on veut y voir; il n'y a qu'une chose évidente, incontestable : le triomphe de Molière. D'ailleurs, le portrait de Molière ne parle-t-il pas du geste ? Cette main qui désigne les bouffons, sautant, cabriolant, papillonnant, ne semble-t-elle pas dire : « Voilà mes devanciers! Voilà ce qu'était la comédie avant les douleurs d'Arnolphe. »

Le portrait de Molière extrait du tableau des *Farceurs français et italiens* a été gravé dans le *Magasin pittoresque* (1870, t. XXXII).

La *Gazette des Beaux-Arts* en mars 1872, et le *Musée universel* en mai 1873, ont reproduit également le portrait du grand poëte comique.

S'il n'existe pas d'excellentes gravures du tableau des *Farceurs*, il y a en revanche plusieurs copies de cette toile, copies du temps. L'une est la propriété de M. Arsène Houssaye qui l'a achetée à un M. Cornu, marchand de curiosités. L'autre a été découverte dernièrement en Bretagne, et appartient à M. de la Pilorgerie. M. le baron de Vismes, qui l'a vue à l'une des dernières expositions nantaises, en a publié une description très-exacte et très-intéressante[1] ; mais il n'a pu découvrir par quelles mains cette copie du tableau de la Comédie-Française avait passé, ni à quelle occasion les deux toiles avaient été faites.

Un cartouche encadré dans le fronton d'une des grandes glaces du foyer nous montre encore Molière sous un autre aspect. Ce médaillon a été peint de 1840 à 1850 par M. Philippes. C'est la copie d'une copie que l'on croit avoir été faite d'après un portrait de Mignard : un Molière approximatif, comme il en existe tant.

Ne quittons pas Molière sans signaler le carton du tableau de Ingres qui représente le déjeuner de Versailles : Louis XIV et Molière assis à la même table.

M. Eugène Despois, dans son ouvrage sur le *Théâtre au siècle de Louis XIV*, a démontré victorieusement que l'anecdote du déjeuner de Versailles n'était ni vraie, ni vraisemblable. Désormais, il faudra la rayer des biographies sérieuses de notre grand poëte comique. La tradition y perdra une légende pittoresque dont la portée se modifiait avec le temps. A l'origine, on trouvait que l'invitation de Louis XIV honorait et relevait

---

[1] *Un portrait de Molière en Bretagne.* Nantes, 1875.

Molière. Maintenant, on pensait plus généralement qu'elle honorait le Roi.

Quoi qu'il en soit, le carton du tableau inspiré par cette anecdote est doublement précieux aujourd'hui. C'est en effet tout ce qui reste de cette œuvre de Ingres commandée par l'impératrice Eugénie, conservée par elle dans ses appartements des Tuileries, et détruite pendant l'incendie du palais en 1871. Le carton, donné par le peintre à la Comédie-Française, offre cette particularité qu'il est signé : *Ingre* sans *s*. Explique qui pourra cette anomalie.

Un petit portrait nous attire : c'est celui de Raymond Poisson. Il porte le collant noir de Crispin, la plus importante de ses créations. Le ciel l'a doué d'une physionomie expressive, que Netscher a bien saisie avec son pinceau franc et ferme. C'est là un bon facies de comique, une de ces physionomies heureuses faites pour l'épanouissement des larges sourires. La nature, parfois plaisante, s'est plu à l'agrémenter d'une verrue qui prête à l'effet et qui devait soulever des rires fous. Il y a de la gaieté dans l'ensemble et dans tous les détails de ce visage, une gaieté communicative qui s'impose. Aussi Poisson était-il l'acteur favori de la troupe. C'est lui qui haranguait les spectateurs, et qui pacifiait le parterre par ses amusantes saillies. Netscher l'a représenté précisément dans la posture du comédien qui va parler au public. Le mouvement est si vrai, la pose est si naturelle, que ce portrait s'est, pour ainsi dire, imposé à Edelinck quand il a voulu faire une gravure de Poisson.

Raymond Poisson n'est pas très-connu de nos jours de la majorité du public. C'est dommage. Ceux qui ne lisent pas ses œuvres y perdent quelques bonnes heures de gaieté franche. Ses comédies sont pleines de saillies charmantes, et ses dédicaces sont des bijoux. Celle du *Poëte basque*, entre autres, contient un épisode fort gai.

Poisson y raconte tout au long ses joies d'auteur. Grâce à l'amitié du libraire Ribou, il vient d'être imprimé.

« Quoy que je ne sois qu'une cinquième partie d'autheur, j'ay plus d'amis libraires qu'un autheur tout entier. Ils sont tous infatués de ce que je fais; ils me disent sans cesse que mes pièces ne se peuvent payer, et je vois bien qu'ils ont raison; car personne n'en achette : si eux et moy n'en faisions des présens, nul n'en auroit que nous, et ce n'est pas faute qu'ils ne crient de toute leur teste, quand je suis à la Boutique : J'ay les Comédies de M. Poisson, messieurs, voyez icy. »

C'est une grande joie pour Poisson d'entendre son nom éclater dans le Palais par la bouche d'un libraire; mais il y en a une autre qu'il voudrait bien ressentir aussi, celle de se voir vendre. Pendant plus de quatre ans, il a rôdé dans le Palais pour cela; mais sans y parvenir. « Une fois cependant, il ne s'en fallut presque rien : Un honneste homme voulut donner trois sous du *Baron de la Crasse*, et le Libraire, en me montrant, luy dit : tenez voilà l'autheur qui sçait bien que je ne le puis donner à moins de cinq, la reliure m'en coûte deux. Dès aussitost, cet homme, quoy que mal vestu, ne manqua ny de civilité, ny d'esprit. Il m'aborda, me traita d'Illustre, et d'Admirable, me dit qu'il avoit mille fois remarqué dans mes Ouvrages le plus beau Génie du monde; enfin il m'accabla de tant de loüanges que je ne pus m'empêcher de lui faire présent de la pièce qu'il vouloit acheter. »

Puisque nous citons, ne fermons pas le livre de Poisson, sans en extraire une requête spirituelle, qu'il adressa au duc de Créqui. Cette petite pièce est un document pour l'histoire du costume au théâtre :

> Les Amants brouillés *de Quinault*
> *Vont dans peu de jours faire rage*;
> *J'y joue un marquis, et je gage*

> *D'y faire rire comme il faut.*
> *C'est un marquis de conséquence,*
> *Obligé de faire dépense*
> *Pour soutenir sa qualité ;*
> *Mais s'il manque un peu d'industrie,*
> *Il faudra, de nécessité,*
> *Que j'aille, malgré sa fierté,*
> *L'habiller à la Friperie.*
>
> *Vous, des ducs le plus magnifique*
> *Et le plus généreux aussi,*
> *Je voudrois bien pouvoir icy*
> *Faire vostre panégirique.*
> *Je n'irois point citer vos illustres ayeux,*
> *Qu'on place dans l'histoire au rang des demi-dieux ;*
> *Je trouve assez en vous de quoy me satisfaire :*
> *Toutes vos actions passent sans contredit...*
> *— Ma foy, je ne sçay comment faire*
> *Pour vous demander un habit.*

Mais en voilà assez sur Crispin. Nous allons maintenant procéder par ordre, panneau par panneau, en dépit de la chronologie.

Commençons par le panneau de droite : le portrait de Monvel par Geffroy se présente le premier à nous.

Monvel (1770-1806) était grêle, exigu, mesquin. Sophie Arnould disait de lui qu'il avait l'air d'un amant transi à qui on a envie de faire donner à manger. Ce portrait en deux lignes en vaut bien un autre. Il a le mérite d'être exact. Le pauvre Monvel eut, en effet, à lutter toute sa vie contre la nature, l'ingrate nature, qui l'avait si mal doué physiquement. Ce ne fut qu'à force d'art et de persévérance qu'il obtint de très-beaux et très-légitimes succès. On se rappelle encore à la Comédie l'art parfait avec lequel il interprétait le rôle de *Cinna* et celui d'*Ésope à la cour* de Boursault.

L'auteur de ce portrait, nous l'avons déjà nommé, c'est Geffroy, l'artiste qui poursuivit si heureusement un double idéal, et qui sut illustrer deux fois son nom, par ses belles créations dramatiques et par ses tableaux pleins de lumière et de vie. La Comédie-Française en possède plusieurs que nous aurons occasion d'apprécier dans cette notice. Le portrait de Monvel est largement traité. Il a été peint en 1852, et Geoffroy s'est servi, pour le faire, d'un buste en plâtre de Monvel, très-authentique, qui appartenait à Mme Guyon, sociétaire de la Comédie-Française.

Dazincourt (1776-1809) se trouve du même côté que Monvel. Il est représenté dans le costume de Crispin. L'auteur de ce portrait, Mme Adèle de Romance-Romany, n'a pas jugé à propos de signer une œuvre qui, du reste, n'eût pas suffi à faire sa réputation. La valeur artistique du portrait étant écartée, il reste son intérêt comme document. A cet égard le Théâtre-Français doit se féliciter d'avoir une image de l'un des meilleurs valets de comédie qui aient existé. Dazincourt fut le rival de Dugazon. Ces deux artistes étaient en lutte continuelle, chacun d'eux voulant avoir exclusivement la *grande casaque*, la casaque des chefs d'emploi de la livrée. Ils allèrent jusqu'à se battre en duel, sur le territoire belge, pour vider leur querelle.

Le portrait de Firmin (1811-1815) est une bonne peinture. Il est de Jean-Antoine Pinchon, l'élève de Vincent et d'Augustin. Le peintre a bien rendu la figure intelligente du comédien. Il y a du feu dans son regard, et si la mode des collets montants, en pleine faveur au moment où fut fait ce portrait, n'emprisonnait pas le cou de Firmin comme dans un carcan, il semble que l'acteur énergique s'élancerait hors de la toile. Firmin, qui parmi ses succès peut compter *Don Juan d'Autriche*, avait dans son jeu une chaleur électrisante qui tenait presque du délire. Malgré les entraînements de sa nature vers les effets en dehors, jamais on ne le vit tomber dans la vulgarité. S'il n'eut pas l'éloquence suprême, le sentiment des nuances délicates, sa nature forte et rude, son intelligence prompte, sa vigueur lui firent une réputation méritée.

On ignore de quel peintre est le portrait de Ligier, qui se trouve sur le même panneau que celui de Firmin. Quant à Ligier lui-même, on n'a pas oublié ses nombreuses créations dans la tragédie et le drame. Il est de ceux dont le nom survit et qui ne meurent pas tout entiers.

Nous nous arrêtons devant une tête de femme, mélancoliquement penchée. Quelle est la comédienne représentée ainsi avec sa coiffure et sa tunique à la grecque? C'est Mlle Joly, disent les uns; c'est Mlle Fleury (Mme Cheffontaine), affirment les autres. Cette dernière opinion, qui est appuyée par M. Régnier, est évidemment la vraie. Il suffit de comparer la toile dont nous parlons avec le portrait de Mlle Joly par David, qui se trouve aussi dans le foyer pour se convaincre qu'il n'y a entre les deux artistes aucun trait de ressemblance.
N'en doutons pas. Nous sommes en présence de Mlle Fleury.
Maintenant, quel est l'auteur de ce portrait? A cette question il nous est impossible de répondre.

Nous voici devant la cheminée du foyer. Sur sa tablette de marbre s'élève un buste de Préville, en bronze. Une merveille d'art signée : HOUDON.
Le grand sculpteur, le maître chercheur d'expression, a dû être séduit par la physionomie du comédien. Après avoir si bien fait vivre l'esprit dans les traits amaigris du vieux Voltaire, on sent qu'il a pris plaisir à tailler la large figure de Préville, à faire vivre l'esprit sur un visage reluisant de santé. On s'étonne

de voir comment la matière s'est animée sous les doigts de l'artiste, comment le sculpteur a su mettre à profit les défaillances du bronze, ses pâleurs jaunes, ses ombres chaudes pour donner au sourire de Mascarille plus de relief, plus d'éclat, plus de portée.

Heureux Préville ! après avoir eu pour sculpteur Houdon, il a eu pour peintre César Van Loo.

Voici en effet, à côté du buste, un Mascarille tout pimpant, tout battant neuf, avec son toquet déluré, ses hauts de chausses bouffants et son petit manteau blanc rayé de bleu. Le nez en avant — un nez de fureteur et d'espiègle, — le mollet tendu — un mollet à bonnes fortunes et à escapades — c'est bien maître Préville que César Van Loo a retracé sous les grains légers du pastel.

Ce tableau est, pour ainsi dire, tombé du ciel dans le foyer de la Comédie. En 1856, un beau jour, une lettre est apportée à M. Arsène Houssaye, alors directeur des Français. Par ce billet, M. le comte Bigot de la Touanne faisait savoir qu'il était dépositaire d'un portrait de Préville, au pastel, par César Van Loo, et qu'il était chargé de l'offrir à la Comédie pour une somme minime.

Arsène Houssaye était trop artiste pour laisser une pareille lettre sans réponse. Il écrivit : « Combien ? » L'obligeant intermédiaire riposta : « Cent francs », et, le 8 mai 1856, le musée s'enrichit d'un Van Loo, dont ce semblant de marché et ce prix dérisoire ne font qu'augmenter la valeur.

Nous n'avons pas fini avec Préville. Il y a une troisième image de lui dans le foyer. C'est encore un Mascarille. On ignore, par exemple, à quel pinceau il faut l'attribuer. Tout ce que l'on sait, c'est que cette peinture a été offerte par M. Étienne Arago, et qu'elle est dans le Musée-Molière depuis 1869.

Voilà comment le foyer des artistes se trouve posséder un buste et deux portraits de Préville. La ressemblance que ces trois figures ont entre elles atteste leur authenticité. Aucune des personnes qui visiteront la collection du Théâtre-Français ne se plaindra de cette abondance de Prévilles. Mascarille a le masque décoratif. On voudrait en voir un sur chaque panneau. Il semble que ces portraits donnent de l'esprit aux murs.

Dorat — que l'on admettra bien comme un connaisseur — a dit, dans une langue qui n'est plus la nôtre :

> *Préville!... Ennuis, fuyez! fuyez, Soucis affreux!*
> *Son nom est un signal pour rallier les Jeux.*
> *Il reçut le grelot des mains de la Folie,*
> *Et, bégayant encore, il vola vers Thalie.*

Préville ne bégayait plus quand il vola vers Thalie ; mais il était vraiment bien jeune. Né le 17 septembre 1721, à Paris, rue des Mauvais-Garçons, derrière la salle des comédiens, il s'enfuit de la maison paternelle pour aller courir le monde. Le petit échappé parisien avait compté sans les désagréments de la liberté qui l'obligèrent à se faire gâche-mortier, puis cinquième clerc de notaire pour vivre. Enfin le hasard le mit en relation avec un comédien italien, nommé Dehesse, et Préville commença à devenir..... Préville.

Il joua d'abord en province, à Dijon, à Rouen, à Strasbourg, à Lyon. La mort de Poisson, laissant vacant un emploi difficile à tenir, facilita son entrée à la Comédie-Française, où il débuta le 20 septembre 1753. Le 20 octobre suivant, il joua *le Mercure galant* et *Sosie* à la cour, et obtint un succès si éclatant que Louis XV le reçut d'emblée au nombre de ses comédiens.

Pendant trente-trois ans, il resta sur la brèche, et pendant trente-trois ans, dit Lemazurier, Préville se montra constamment le comédien le plus parfait qui eût encore paru sur la scène française, et en même temps l'acteur le plus universel qui ait jamais existé. Garrick seul peut être mis sur la même ligne que Préville.

Il faudrait accumuler une douzaine d'épithètes pour indiquer toutes les faces de ce talent multiple qui créait un jour *Figaro* et le lendemain *Bridoison*, qui excellait dans *Larissole* et dans *Turcaret*, qui s'attaquait aux rôles les plus différents et toujours avec un égal succès. Souplesse de l'esprit, largeur du jeu, observation du détail, franchise, distinction, bon goût et bon cœur, Préville possédait toutes les meilleures qualités de l'artiste. Adoré du public, adoré de ses camarades, il fut l'instrument des grands succès de la comédie au siècle dernier.

Préville se retira à Senlis le 1er avril 1786, espérant vivre en repos, tout entier à ses tableaux et à ses livres. Il fallut, pour le décider à reparaître sur la scène, que le malheur fondit sur ses anciens camarades.

Le 26 novembre 1791, il revint donner son appui aux efforts que tentaient quelques courageux sociétaires pour relever le théâtre abattu par la Révolution. Il avait alors soixante et onze ans. On le revit, on trouva que son magnifique talent n'avait rien perdu, et l'on retourna à la Comédie que l'on avait désertée.

Ce n'est que le 23 pluviose an III que Préville, à bout de forces, se retira définitivement. Le comédien — que la Révolution avait fait entrer à l'Institut — s'établit à Beauvais, où il mourut le 27 frimaire an VIII, âgé de soixante-dix-neuf ans.

Au milieu d'un grand cadre, dont la dorure doit lui donner des tentations et des regrets, *l'Avare* de Molière, revêtu de son costume étriqué et sordide, s'arrête lui-même, se prenant pour le voleur de sa cassette. Le comédien maigre et long comme un jour sans pain, à la tête osseuse, au nez aquilin, aux doigts crochus, qui a servi de modèle à ce portrait type, c'est Grandmesnil.

Passionnément artiste, Grandmesnil excellait dans les comédies de Molière : *l'École des Femmes*, *l'École des Maris*, *les Fourberies de Scapin*.

Nous ne pouvons apprécier aujourd'hui l'art des comédiens d'autrefois que par des on-dit. Encore si l'on avait un livre notant les traditions propres à chaque artiste pour la tenue des grands rôles dans lesquels ils ont excellé. Mais ce recueil est à entreprendre, et nous sommes forcés de nous contenter des quelques souvenirs que les contemporains de l'acteur nous ont conservés, bien pâles reflets du succès éclatant du comédien.

L'un des écrivains qui ont pu voir Grandmesnil, et qui nous paraissent avoir bien compris ses intentions, est Alexandre Duval. Nous lui empruntons la citation suivante :

« Dans *l'Avare* surtout, le comédien s'effaçait complétement : c'était le personnage ou plutôt la passion toute nue et dans sa laideur et son abjection. Quelle sentinelle, bon Dieu, pour garder un trésor ! L'âme et le corps n'avaient pas un moment de repos; sa vigilance était tendue sans relâche, sans exception de personne; tout était ennemi, danger, conspiration, convoitise, attaque, effraction, escalade, bris de serrure, vol et escamotage autour de lui... Voyons les mains, voyons les poches; ôtez ce chapeau, déshabillez-vous pièce à pièce; parlez-moi pour que je sache que vous n'avez rien de caché dans la bouche. Voilà ce qu'il disait ou exprimait, ou pensait assurément, à en juger par cette inquiétude, ce tourment, ce tremblement qui agitaient le corps amaigri et desséché par le vice impitoyable dont il était la proie.

« Lorsqu'un acteur fait voir et entendre tout cela par la force de son jeu, tous les traits de l'auteur portent à fond. C'est Molière tout entier, sans réserve et sans faiblesse, dont la jouissance est donnée au spectateur. Il y a association et fusion de deux génies, et l'on ne voit, pour ainsi dire, qu'une main à l'œuvre, maniant le pinceau et saisissant l'homme sur le fait. »

Quant au portrait — dont l'auteur est inconnu — ce n'est certes pas un des mauvais de la galerie. A considérer la sécheresse des tons, la raideur des lignes, on croirait que c'est Harpagon en personne qui a commandé cette toile en suppliant le peintre d'économiser son huile et sa couleur, et de ne pas brosser trop largement pour ménager davantage le poil de ses pinceaux. Avec ces défauts, il a cependant deux qualités précieuses : la ressemblance et la vie.

Michot, vêtu d'une large redingote marron à la mode de 1820, nous montre, non loin de l'avare, son visage intelligent et bon. Celui-là eut encore une véritable nature d'artiste, un talent à deux faces. Tantôt bonhomme, naïf, rond, attendri, comme dans le rôle de *la Belle Fermière* et dans *les Deux Frères*; tantôt plein de verve, de vigueur, d'esprit, comme dans *la Partie de chasse* et *la Jeunesse de Henri V*, toujours naturel, Michot a tellement excellé dans les paysans, que, pendant longtemps, son nom est resté attaché à son emploi. Aujourd'hui encore, en province, on engage des artistes pour jouer les *Michot*.

Son portrait est un de ceux qu'Arsène Houssaye ne connaît pas, parce qu'ils sont mal peints. A négliger comme œuvre d'art, à conserver précieusement comme document.

Le portrait de Talma, par Picot, est le dernier de ce panneau.

Peinture estimable, comme tout ce qu'a fait Picot, élève de Vincent, qui était lui-même élève de Vien. Cette filiation explique le talent du portraitiste. Picot n'est pas un maître, mais il a reçu par un tiers les conseils d'un maître. Si son art n'a rien de génial, il a du moins toutes les qualités d'une bonne école, la conscience et l'exactitude scrupuleuses. Peu d'effet. La vérité sèche.

C'est donc bien Talma que nous avons sous les yeux.

Nous n'avons pas la prétention d'écrire, à propos de ce portrait, une monographie du grand artiste. Rappelons seulement qu'il est né en 1763, et qu'il débuta le 21 novembre 1787, dans la carrière où il devait illustrer son nom. Quant à ses triomphes, ils ne sont pas oubliés. Au lieu donc de les compter, il nous paraît préférable de citer une lettre que le tragédien écrivit à Mme de Staël, et qui est comme sa profession de foi d'artiste.

« ..... Ayant été élevé en Angleterre, on a cru que j'avais cherché à prendre la manière des acteurs français. J'étais trop jeune alors pour fréquenter les spectacles et pour donner une grande attention à un art auquel je ne me destinais pas à cette époque. Une sorte d'instinct et d'inspiration m'a porté à mettre dans ma déclamation un ton naturel et pourtant élevé, et le temps et l'expérience m'ont prouvé que les grands effets de la scène, les émotions profondes que le spectateur emporte avec lui et qu'il ne peut oublier, ne peuvent être produits que par des accents simples et vrais comme la nature.

« Talma. »

Cette lettre n'est-elle pas la clef de l'admirable talent de Talma ?

Un fort beau portrait de Mlle Dumesnil commence la série des toiles exposées sur le panneau suivant. Cette toile date de 1754. Elle fait honneur à son auteur, Nonnotte, peintre du Roi, membre de l'Académie.

Mlle Marie-Françoise Dumesnil n'avait pas, en effet, un type facile à rendre. On dit que, hors du théâtre, elle paraissait fort laide, avec ses yeux trop fortement prononcés, sa taille longue et son buste maigre. A la scène, au contraire, ces imperfections physiques devenaient des qualités. Son visage avait un caractère imposant, son regard terrible était bien celui des reines tragiques. Sa taille élevée avait une majesté et une noblesse sans égales.

Nonnotte s'est bien gardé de nous faire voir Mlle Dumesnil dans les coulisses. Il a choisi, pour habiller son portrait, une robe rouge garnie de fourrure blanche qui met en valeur le visage de l'actrice. Que disait-on qu'elle était laide ? avec ces yeux, cette expression, ce talent que l'on pressent, une femme est toujours belle.

Elle devait être ainsi le soir où, jouant Cléopâtre de *Rodogune*, elle fit reculer d'effroi les spectateurs du parterre qui se tenaient encore debout à cette époque.

Ce soir-là, la grande tragédienne reçut un singulier compliment.

Un des spectateurs, placé sur le côté de la scène, fut tellement saisi par le jeu de l'actrice, qu'il oublia le lieu où il se trouvait. Il ne vit plus que le personnage odieux, si naturellement rendu par Mlle Dumesnil, et, ne pouvant plus maîtriser sa colère, il lui donna un violent coup de poing dans le dos en criant :

« — Va-t'en, chienne, à tous les diables ! »

Ce madrigal de butor fut particulièrement sensible à l'actrice qui vint après la pièce remercier son admirateur brutal, mais sincère. Pendant trente ans, du 8 octobre 1737 jusqu'en 1776, Mlle Dumesnil occupa la première place au Théâtre-Français, et sut conserver son rang, sans effort et sans intrigue.

La malice des choses a placé, près de l'ossature de Mlle Dumesnil, une femme admirablement modelée. Son costume oriental laisse voir les plus belles épaules du monde. Ses bras sont d'une pureté exquise ; ses mains ont des fossettes délicieuses. C'est une symphonie de rose et de blanc.

Le peintre — qui n'est autre que le baron Gros — n'a pas eu besoin, pour embellir son œuvre, d'un grand travail d'imagination. Il lui a suffi de représenter Mlle Émilie Leverd telle qu'elle était dans son rôle de *Roxelane* des *Trois Sultanes*. Le coloriste hardi a pu sans crainte se laisser aller à la fougue de son tempérament. La beauté éclatante de son modèle se prêtait à son luxe ordinaire de couleur.

Mlle Leverd a débuté, le 30 juillet 1808, par les rôles de *Célimène* dans *le Misanthrope* et de *Roxelane* dans *les Trois Sultanes*, et a été reçue au commencement de 1809. Elle est restée à la Comédie-Française jusqu'en 1832. L'auteur de *Soixante ans du Théâtre-Français*, Alexandre Duval, a dit de Mlle Leverd : « Elle jetait sa parole résolûment; dans les coquettes elle ne manquait pas de cet entrain et de cette audace auxquels on reconnaît l'allure dégagée des caractères impérieux ; sa prononciation n'avait pas la netteté désirable; son grasseyement, qui plaisait à quelques personnes, était un embarras dans sa diction.

« C'était une brune piquante avec une figure ronde, fraîche, vive et expressive. Sa taille se chargea trop vite d'embonpoint, et ce fut probablement l'une des causes de la retraite que le public eût ajournée bien volontiers, car, dans plusieurs de ses rôles, il n'y avait pas de sujets pour la remplacer. »

Une figure pâle et amaigrie; de grands yeux fiévreux, ardents, profonds; une bouche mince, un corps chétif, et, malgré toutes les apparences de la faiblesse physique, un je ne sais quoi de puissant, de fier, qui éclate, un reflet de la force intérieure qui vient de l'âme, un éclair de génie qui illumine et qui transfigure.

A ce portrait vous avez reconnu et nommé : Rachel.

C'est bien elle, en effet, que M. Édouard Dubufe a représentée, s'efforçant de rendre sur la toile ce contraste étrange de faiblesse et de force. L'artiste a réussi dans cette entreprise ardue. Son portrait est un véritable tableau dans lequel revit le duel intime de l'âme aux prises avec la matière. J'imagine qu'en composant son portrait, il aura relu le croquis à la plume que fit Alfred de Musset à propos des débuts de Mlle Rachel :

« Mlle Rachel est plutôt petite que grande ; ceux qui ne se représentent une reine de théâtre qu'avec une encolure musculaire et d'énormes appas, noyés dans la pourpre, ne trouveront pas leur affaire ; la taille de Mlle Rachel n'est guère plus grosse qu'un des bras de Mlle George ; ce qui frappe d'abord dans sa démarche, dans ses gestes et dans sa parole, c'est une simplicité parfaite, un air de véritable modestie. Sa voix est pénétrante, et, dans les moments de passion, extrêmement énergique ; ses traits délicats, qu'on ne peut regarder de près sans émotion, perdent à être vus de loin sur la scène. Du reste, elle est d'une santé faible ; un rôle un peu long la fatigue visiblement.....

« Mlle Rachel n'a pas l'expérience du théâtre ; il est impossible qu'à son âge elle ait l'expérience de la vie. On devrait donc s'attendre à ne trouver en elle que des intonations plus ou moins heureuses apprises au Conservatoire, et répétées avec plus ou moins d'adresse et d'intelligence. Il n'en est rien ; elle ne déclame point, elle ; elle n'emploie, pour toucher le spectateur, ni ces gestes de convention, ni ces cris furieux, dont on abuse partout aujourd'hui ; elle ne se sert point de ces moyens communs, qui sont presque toujours immanquables, de ces contrastes cadencés qu'on pourrait noter, et dans lesquels l'acteur sacrifie dix vers pour amener un mot : là où la tradition veut qu'on cherche l'effet, elle n'en produit pas la plupart du temps. Si elle excite l'enthousiasme, c'est en disant les vers les plus simples, souvent les moins saillants, et aux endroits où l'on s'y attend le moins... Mlle Rachel n'a pas un talent consommé, il s'en faut même beaucoup, et cela lui reste à acquérir ; elle a besoin d'étudier ; mais on peut affirmer qu'elle a du génie, c'est-à-dire l'instinct du beau, du vrai, l'étincelle sacrée qui ne s'acquiert pas non plus, quoi qu'on dise..... »

Que pourrions-nous dire de plus ? Rapporter les triomphes de Mlle Rachel ? Ne suffit-il pas de prononcer son nom pour éveiller toutes les idées de gloire artistique ?

Le portrait de la grande tragédienne par M. Édouard Dubufe a été gracieusement offert à la Comédie par M. Mitchell, directeur du Théâtre-Français de Saint-James à Londres.

Chargée de fers, menottes aux poignets, carcan à la ceinture, Mme Vestris lève vers le ciel ses beaux yeux éplorés. Le peintre, qui a fait cette image au siècle dernier, avec les tons chauds à la mode, et la richesse d'accessoires dont on surchargeait volontiers les portraits, a bien fait de nous montrer la comédienne dans une situation touchante. Mme Vestris est l'une des actrices qui ont le plus fait pleurer nos aïeules. Si ses douleurs trouvaient tant d'échos dans le public, ses colères tragiques, ou pour mieux dire ses fureurs, n'agissaient pas moins puissamment sur les sensibles spectatrices. Lorsqu'elle jouait un de ses grands rôles à imprécations, elle était si terrible que les chères belles de son temps s'évanouissaient régulièrement. M. Victor Fournel a découvert une lettre adressée au *Journal de Paris* le 16 juillet 1777, par laquelle on prévient que le théâtre sera désormais pourvu de tous les sels qui peuvent convenir aux différents genres d'évanouissement, et qu'ainsi on peut compter sur toutes les commodités dont on a besoin pour se trouver mal.

Voici maintenant un portrait de la grande époque, le doyen des portraits du foyer, la base même du Musée de la Comédie-Française. C'est celui de Mlle Marie-Anne Duclos de Châteauneuf. Nous avons raconté comment cette toile, léguée par la comédienne au sieur Saintard, devint la propriété du théâtre. Il ne nous reste plus qu'à l'apprécier.

Comme toutes les œuvres qui portent la signature du grand portraitiste, celle-là se distingue par sa couleur chaude et concentrée, par la pureté du dessin, par la science de l'effet. Largillière, souvent sombre, a voulu faire du portrait de la comédienne une page galante. Il n'a pas craint d'abord l'allégorie pour donner plus de valeur à l'image principale. A-t-il été heureux dans la pose de son modèle et dans le choix des accessoires ? Il faudrait être au courant des racontars de l'époque pour deviner quelle allusion délicate se cache dans la composition du peintre. Tout ce que nous savons, c'est que ce portrait pourrait s'intituler le Triomphe de l'équilibre. Mlle Duclos y est représentée les bras étendus en balancier, recevant une couronne d'étoiles que des amours lui posent sur le front. Que n'était-elle aussi équilibrée le jour où elle fit cette fameuse chute en jouant Camille ! Beaubourg, qui tenait le rôle d'Horace, ôta civilement son chapeau à plume, et avec toute la grâce d'un parfait gentilhomme lui tendit la main pour la relever. Puis redevenant romain subitement, il la poignarda sans rire.

D'après le *Dictionnaire des Peintres*, le portrait de Mlle Duclos, par Largillière, aurait fait autrefois partie de la collection de M. Lalive de Jully et aurait été adjugé, lors de la dispersion de cette galerie en 1769, au prix de 500 livres. Largillière a-t-il peint un second portrait de la comédienne ? Cela est très-possible. En tout cas, la mention du *Dictionnaire des Peintres* ne saurait s'appliquer à la toile que la Comédie possède depuis 1743.

Le portrait de Mlle Duclos par Largillière a été gravé par Desplaces, en 1714.

Après cette œuvre intéressante, vient un beau portrait de Fleury, le roi des Moncades (1778-1818). La touche large et hardie de cette toile, l'entente parfaite de la pose, la disposition savante des accessoires ne surprennent pas, quand on lit dans un coin du tableau ces mots et cette signature :

A mon ami Fleury,
GÉRARD.

Fleury est assis devant son bureau. Revêtu d'une robe de

chambre fastueuse, le comédien étudie. Le peintre a tenu, en effet, à représenter son ami au naturel, avec son attitude habituelle. Fleury travaillait beaucoup. Il fouillait ses rôles avec une conscience extrême. La tradition veut qu'ayant à jouer le rôle du grand Frédéric dans *les Deux Pages*, il ait été, par amour de l'exactitude, jusqu'à apprendre à jouer de la flûte pour se donner les mêmes mouvements de lèvres que son héros.

Voilà qui dénote un artiste minutieux.

Avec ses minuties, ce souci exagéré du détail, Fleury avait une grande âme. On cite un acte de courage qu'il fit publiquement. C'était en 1815. Ses sympathies bien connues pour Napoléon lui attiraient des marques d'hostilité de la part des spectateurs. Un soir notamment, le tapage devint si fort, que l'acteur fut obligé d'interrompre son rôle. Il s'avança sur le devant de la scène, et dit au public :

— Messieurs, je représente ici Tartuffe. Ayez, je vous prie, la bonté de permettre que je m'acquitte de mon devoir; si, demain, quelqu'un désire me parler en particulier, je demeure rue Traversière, 23.

Des bravos unanimes accueillirent cette allocution à la fois ferme et respectueuse.

Il existe au foyer un second portrait de Fleury par Mme Adèle de Romance-Romany (1818).

Avec sa veste noire collante et son large ceinturon de cuir fauve, voici encore une incarnation souriante de l'astucieux Crispin. C'est Monrose (1815-1842). Le pinceau de Pichon s'est plu à reproduire les traits spirituels de cet excellent artiste.

Nous sommes arrivés maintenant devant le panneau que l'on trouve à gauche en entrant dans le foyer. Une toile magnifique de style et de couleur attire tout d'abord les regards. C'est le portrait de Michel Baron par de Troy.

On ne saurait trop admirer l'art et le tact dont le peintre a fait preuve dans la composition de ce tableau. C'était une œuvre hérissée de difficultés. Baron, qui n'était plus jeune quand il posa devant de Troy, avait toujours des prétentions à la jeunesse. Il cachait avec soin la date de sa naissance et s'indignait contre les rides impudentes qui trahissaient ses soixante-sept ou ses soixante-treize ans. Bien qu'ayant abandonné le théâtre depuis longtemps, il devait encore paraître sur la scène et même y tenir le rôle d'un enfant, Misaël, dans *les Machabées*. Il fallait donc que le peintre, tout en saisissant la ressemblance exacte, parvînt à satisfaire son modèle. De Troy a réussi pleinement. Il n'a pas dissimulé les rides du visage; mais elles disparaissent, pour ainsi dire, dans la majesté du type. C'est bien un vieillard qu'il a peint; mais c'est un vieillard admirablement beau. La lumière, discrètement ménagée, donne du relief aux traits distingués de Baron et dissimule dans les caresses du demi-jour les plis du front et des joues. Que de talent encore dans la composition du costume et des accessoires, dans les draperies noblement jetées. Que de tact surtout dans le choix des couleurs. Des tons qui semblent empruntés à la palette de Van Dyck, des rayons sombres comme Rembrandt sait en trouver; des étoffes riches sans trop d'éclat; tout cela est d'une harmonie, d'une tonalité parfaites.

On peut comparer cet admirable portrait de de Troy à un autre portrait antérieur, exécuté par Largillière, qui malheureusement ne fait pas partie de la collection du Théâtre-Français.

Baron était jeune alors. « Outre la proportion des formes, qui est l'idéal éternel, il avait cette nuance de majesté qui fut la beauté sous Louis XIV, et devint le type de la beauté pendant le règne de ce monarque. Sa taille est avantageuse et bien prise; ses traits ont une régularité grecque dont un ovale légèrement plein et la douceur de l'œil tempèrent l'austérité [1]. »

Largillière nous montre Baron tel qu'il était de 1670 à 1691, pendant la première partie de sa carrière artistique. Le portrait exécuté par de Troy nous le représente tel qu'il devait être quand, après vingt années de repos, il reparut sur la scène, de 1720 à 1729. Ce n'était plus alors l'homme à bonnes fortunes, mais c'était toujours l'homme distingué qui disait que les comédiens devaient être élevés sur les genoux des reines.

Instruit par Molière, Baron fut un acteur inimitable. Pour apprécier son jeu, il faut se reporter à ce qu'ont écrit les critiques de son temps. On peut consulter notamment la *Seconde lettre du souffleur de la comédie de Rouen au garçon de caffé* (1730), dans laquelle se trouve le passage suivant :

« ... Quelle simplicité! Quelle vraisemblance dans les rôles qu'il représentoit! Mais que cette simplicité étoit majestueuse! Il sembloit, à l'aisance avec laquelle il soutenoit ses caractères augustes, que la grandeur lui fut naturelle, qu'il fut né pour commander aux autres : en un mot, on l'eût pris pour le prince lui-même au milieu de son palais. Bien éloigné d'appuyer sur chaque vers et sur chaque mot, et de faire briller avec affectation les beautés qui pouvoient frapper, il ne montroit les pensées que par les sentiments, ou, s'il relevoit quelque sens ou quelque expression, c'étoit de celles qui sembloient cachées et qui ne se produisoient point assez d'elles-mêmes. Lorsque cet acteur soupiroit, se plaignoit, aimoit, entroit en fureur, tous ses mouvements étoient tels que son amour, sa fureur, sa crainte, et tous ses sentiments paroissoient véritables ; il savoit caractériser toutes ces passions par ce qu'elles ont de particulier; et non-seulement il ne les confondoit point les unes avec les autres, mais il les distinguoit en elles-mêmes par mille circonstances propres aux personnes dont il étoit revêtu. On découvroit

---

[1] *L'Homme à bonnes fortunes*, par Michel Baron, avec préface et notice, par Jules Bonnassies. — Paris, Picard. — Nouvelle collection Janet.

même au milieu de ses transports un combat du héros et de l'homme passionné, de sa fermeté naturelle et du penchant qui l'entraîne, enfin un mélange de sa grandeur et de sa foiblesse. »

Toutes les observations du comédien, toutes les études du cœur humain, ne se sont pas évanouies dans la fumée de la rampe; l'acteur a écrit une œuvre durable, une comédie de mœurs si vivante qu'il semble l'avoir vécue lui-même. *L'Homme à bonnes fortunes* est une de ces pièces curieuses que l'on relit toujours avec intérêt et avec fruit.

Non loin de Baron, Lekain, superbe, semble défier le ciel. Sous sa tunique de brocart, sous son turban orgueilleux, il a vraiment grand air et belle mine. Il est vrai que ce portrait nous représente Lekain au théâtre. Hors de la scène, il avait, au dire de Collé, la face patibulaire. Grimm écrivait en 1771 : « Que dirai-je de Lekain? Il a porté son talent à un degré de sublimité dont il est impossible de se former une idée quand on ne l'a pas vu. Hors du théâtre, sa figure est laide, ignoble, et il devient au théâtre beau, noble, touchant et pathétique; il dispose de votre âme à son gré. »

« Il n'est plus!... Rien n'en reste! » a dit Molé en faisant l'oraison funèbre de Lekain. Molé s'est trompé. Lekain était un de ces artistes d'élite, un de ces génies créateurs qui ne meurent pas tout entiers. Lekain a accompli la réforme de la déclamation qui, avant lui, n'était, à vrai dire, que « l'art de parler autrement qu'on ne parle ». Lekain a le premier entrepris une révolution du costume. Lekain a été l'un des fondateurs du Conservatoire. Lekain a eu l'idée d'organiser les premières excursions en province. Enfin, la tradition des rôles de Lekain a formé Talma.

Puisque nous rappelons les principaux titres de Lekain à la

reconnaissance des artistes et du public lettré, ajoutons que c'est lui qui le premier proposa d'élever une statue à Molière.

On lit en effet, dans le registre des délibérations de MM. les comédiens du Roi, à la date du 15 février 1773 :

« Ce jour, le sieur Lekain, l'un de nos camarades, a demandé qu'il lui fût permis d'exposer à l'Assemblée ce qu'il avait imaginé pour honorer la mémoire de Molière, et consacrer sa centenaire par un monument qui pût convaincre la postérité de la vénération profonde que nous devons avoir pour le fondateur de la vraie comédie, et qui n'est pas moins recommandable à nos yeux, comme le père et l'ami des Comédiens.

« Après quoi, il nous a représenté qu'il estimait convenable et honorable d'annoncer ce même jour au public, et de motiver, dans les journaux, que le bénéfice entier de la première représentation de *l'Assemblée*, qui doit être jouée mercredi prochain, 17 courant, pour célébrer la centenaire de Molière, sera consacré à faire élever une statue à la mémoire de ce grand homme ;

« Qu'il ne doutait nullement que la partie la plus éclairée de la nation française ne contribuât grandement à l'exécution d'un pareil projet ;

« Qu'il était instruit que l'Académie française l'avait fort approuvé ; qu'elle l'avait trouvé digne de celui qui l'avait conçu, plus digne encore de ceux qui se proposaient de l'exécuter.

« Que l'on ne pouvait pas faire un sacrifice plus noble de ses intérêts, et que M. Vatelet, l'un des membres de cette même Académie, s'était offert de suppléer à la dépense de ce monument si les fonds sur lesquels on devait compter n'étaient pas suffisants ;

« Que d'ailleurs on pouvait être sûr du consentement de MM. les premiers gentilshommes de la chambre, et qu'il en avait pour garant la lettre qu'il avait écrite à messeigneurs les ducs de Richelieu et de Duras, et nommément la réponse de ce dernier. »

Dans cette lettre, le duc de Duras, tout en approuvant fort le projet de Lekain, exprimait la crainte que le produit de la représentation « de la centenaire » fût très-insuffisant. Il ne se trompait malheureusement pas. Une note des *Mémoires* de

Lekain nous apprend que « la masse la plus pauvre et la plus sensible de la nation reçut l'annonce de la représentation avec le plus grand enthousiasme; mais que les belles dames et les gens du bel air n'y firent pas la moindre attention. Aussi ce bénéfice, qui dans les villes d'Athènes, de Rome et de Londres, aurait suffi pour subvenir à la dépense projetée, ne s'éleva qu'à 3,600 livres, ou environ. Il fallut qu'à la honte des riches et des égoïstes les comédiens complétassent le reste ».

Encore ne purent-ils avoir qu'un buste ! mais nous voilà loin du portrait de Lekain. Nous n'avons pas encore dit que c'était une des bonnes œuvres de Le Noir et que la Comédie le tenait du fils de Lekain qui lui en fit don vers 1790.

Dugazon a aussi son portrait dans le foyer des artistes. Il mérite bien un médaillon spécial dans cette galerie à la plume que nous esquissons ici. Mystificateur à outrance, fantaisiste, paradoxal, Dugazon a enrichi les *Ana* d'un millier d'aventures et de bons mots. Son énorme camarade Desessarts était son souffre-douleur ordinaire. Un jour, il le conduisit en grand deuil chez le ministre, pour lui demander, au nom de la Comédie-Française, de reconnaître ses bons services en lui accordant la survivance de l'éléphant qui venait de mourir à la ménagerie du Roi. On assure que le ministre s'amusa beaucoup de cette équipée. Desessarts prit moins bien la chose. Il provoqua Dugazon en duel.

Les deux comédiens se rendent sur le terrain, escortés de leurs témoins. Desessarts, toujours furieux, ne veut pas entendre raison ; il saisit son épée et se met en garde. Alors Dugazon s'approche de lui, tire de sa poche un morceau de blanc d'Espagne et trace, avec le plus grand sang-froid, un rond sur le ventre majestueux de son adversaire :

— Tu comprends, mon ami, lui dit-il, que j'aurais la partie

trop belle. Aussi j'égalise les chances. Tout ce qui sera hors du rond ne comptera pas.

Desessarts, pris d'un fou rire, laissa tomber son épée et embrassa cet incorrigible plaisant.

Sur la scène, Dugazon fut un des comiques les plus amusants et les plus variés. Il avait trouvé, paraît-il, quarante manières de remuer le nez. Sa mimique extravagante lui valut des succès de gaieté folle.

Il fut moins heureux quand il voulut se mêler d'écrire. Il a composé plusieurs pièces de circonstance, sous la Révolution. *Le Modéré*, représenté en 1794, est le seul ouvrage de Dugazon qui ait été imprimé. La lecture de cette petite comédie ne fait pas regretter la perte des autres.

Il fut un temps où les duels entre comédiens n'étaient pas rares: nous venons de voir Dugazon aux prises avec Desessarts; nous avons cité précédemment la rencontre de Dazincourt avec le même Dugazon. Le portrait de Larive nous rappelle encore une affaire de ce genre qui eut lieu, en 1781, entre Larive et Florence. Leur duel commença sur la scène même, derrière le rideau. Interrompu par l'intervention de leurs camarades, il fut repris le lendemain aux Champs-Élysées. Heureusement il n'eut pas de suites graves.

Larive a une physionomie particulière de déclamateur emphatique. On aura une idée de son jeu par l'extrait suivant des Mémoires de M. de Vaublanc :

« ..... Larive, qui souvent était heureux dans sa déclamation, se conformait quelquefois à ce goût de hurlement. Je l'ai vu dire ainsi le fameux : *Qu'il mourût!* Après avoir entendu ces mots : *Que vouliez-vous qu'il fît contre trois ?* il fit une pause, serra les dents, ferma ses poings mis en avant, leva la jambe droite comme s'il voulait donner un coup de pied à son interlocuteur, et de ce même pied frappant la terre avec force, il cria enfin le : *Qu'il mourût!* dans un véritable accès de fureur.....

« J'ajouterai encore que Larive imagina très-malheureusement, dans le rôle de Philoctète, qu'il devait représenter avec la plus grande vérité, les souffrances corporelles de ce malheureux prince; qu'il fallait donc se traîner sur la scène en poussant des cris douloureux, accompagnés de gestes et de mouvements plus douloureux encore. Ce n'était qu'une pantomime désagréable, et plus d'une personne en fut indignée. »

La mode alors n'était pas favorable aux réalistes.

Mlle Clairon, dont le portrait est placé près de celui de Larive, avait aussi d'abord la déclamation solennelle, ampoulée, chantante; elle s'en corrigea pendant un voyage qu'elle fit à Bordeaux en 1752.

« Je pris le rôle d'Agrippine, dit-elle dans ses mémoires, et je jouai pour moi, depuis le premier vers jusqu'au dernier. Ce genre simple, posé, d'accord, étonna d'abord. J'entendis distinctement, au milieu de ma première scène : *Mais cela est beau.* Le couplet suivant fut généralement applaudi. Je donnai trente-deux représentations de rôles différents, toujours à ma nouvelle manière. »

Nous n'en dirons pas plus long sur Mlle Clairon pour le moment, aussi bien aurons-nous occasion d'en reparler à propos de son portrait gravé qui est dans le foyer des travestissements.

Le portrait de Mlle Joly par David, ne fait partie du Musée que depuis le mois de décembre 1873. Il a été légué à la Comédie par Dantan jeune, le statuaire.

David a campé hardiment son modèle. La tête souriante regarde bien de face, avec franchise et malice. La bouche sourit. L'œil pétille. Les cheveux poudrés s'étagent suivant les préceptes de la coiffure en cornet, en faveur sous Louis XVI. La couleur est bonne. Quand David fit ce portrait, il était plus près de Vien que de... David, et Mlle Joly n'a pas eu à s'en plaindre.

L'arrivée du portrait de Mlle Joly, au foyer de la Comédie, excita parmi les sociétaires et les habitués une vive curiosité. L'actrice et son image furent pendant plusieurs semaines les thèmes favoris des discussions. C'était à qui apporterait soit des renseignements sur la comédienne, soit des hypothèses sur la date probable du portrait.

Depuis, le hasard a fait tomber entre nos mains un petit livre extrêmement rare, qui est consacré tout entier aux mérites de la comédienne. Il a pour titre : *Aux mânes de Joly, mon amante, mon épouse et mon amie*. Et pour sous-titre : « *Aux mânes de Marie-Elisabeth Joly, artiste célèbre du Théâtre-Français, par N. F. R. F. Dulomboy, ancien capitaine de cavalerie*, etc. »

Ce petit recueil comprend une foule de pièces détachées, de quatrains et de romances adressés à Mlle Joly par les poëtes du temps: Sivry, Poinsinet, Magny, Bouillon, Gamas, Menoir, Andrieux, Olympe Degouge, Boucher, Rivarol. Les citoyens Grétry, Foignet, Navoigile, Lewacher et Gaveaux ont mis quelques-unes de ces poésies en musique. Mlle Joly écrivait aussi en vers, et le capitaine Dulomboy a inséré dans son petit volume quelques-unes des épîtres que sa femme lui avait adressées. Il n'a pas manqué non plus de publier cinq élégies et six romances, que la perte de sa femme lui a inspirées. On sent, en parcourant cet ouvrage, quelle fut l'immense douleur de ce brave homme.

Mlle Joly était une femme rare. La *Gazette politique et littéraire* a tracé ainsi son portrait :

« La citoyenne Joly, douée d'un superbe organe, avoit une figure fort agréable, un peu maigre, mais spirituelle, très-mobile, très-fine et très-distinguée. Sa chevelure d'un joli brun clair, sa taille assez haute, svelte et gracieuse, enfin tout en elle, au moral comme au physique, tout contribuait à produire, dans ce rôle (la Muse de la Comédie), une illusion complète. »

Un autre journal du temps complète ce croquis à la plume :

« La citoïenne Joly, dont nous avons à déplorer la perte, réunissoit toutes les qualités requises pour faire une grande actrice. La nature l'avoit douée d'une sensibilité exquise. Elle avoit beaucoup d'imagination d'esprit et un jugement très-sûr. L'amour de son art occupoit sans cesse toutes ses facultés; elle étudioit continuellement la nature, elle la méditoit toujours..... Elle étoit d'un caractère excessivement gai et cependant très-sentimental. Elle joignoit à beaucoup de vivacité une douceur et une bonté infinies. Son talent portoit l'empreinte des différentes nuances de ce caractère charmant; il embrassoit les genres les plus opposés dans la comédie et même dans la tragédie. Elle étoit autant inimitable dans les servantes de Molière, que brillante dans les soubrettes du grand ton... Quelles oppositions et quelle variété !.. nous pouvons citer ici un mot que nous avons entendu dire à Rivarol l'aîné, en parlant de cette admirable actrice :

« C'est elle seule qui me fait trouver dans Molière tout ce que j'y
« trouve quand je le lis. »

Pour témoigner publiquement de son inconsolable douleur, le sentimental Dulomboy fit tailler la tombe de sa femme dans le roc, sur le bord d'un précipice et sur le site le plus élevé de la montagne voisine de Poussendre (Calvados), à laquelle les habitants donnèrent le nom de Mont-Joly. Par les soins du pieux époux, le Mont-Joly se couvrit de petits sentiers remplis de surprises. Le curieux voyageur peut lire, sur la porte rustique de l'enceinte sacrée où elle repose, ces quatre vers tracés par elle-même pour le tombeau de J.-J. Rousseau :

> Ce tombeau triste et solitaire
> Est un monument amical ;
> A ce titre seul il doit plaire
> Au voyageur sentimental.

Non loin de là se trouve cette inscription typique :

« *Ames indifférentes et froides, fuyez loin de ce séjour; l'air qu'on y
respire est l'élément des cœurs sensibles.* »

Dans son *Itinéraire du Mont-Joly*, d'où ce passage est extrait, l'excellent Dulomboy cite ainsi dix-sept inscriptions, (nous les avons comptées), appliquées çà et là sur des colonnes brisées, sur des urnes, sur des arbres. La douleur de ce brave homme est si sincère qu'elle déborde sur toute la nature et qu'elle se fait pardonner sa forme démodée.

Nous relevons, dans le même opuscule du capitaine de cavalerie, un renseignement qui nous intéresse. Sur le tombeau de l'artiste regrettée se trouve sa statue couchée, sculptée par le citoyen (on est en l'an VIII) Lesueur, « artiste du plus grand mérite et déjà connu pour avoir fait les ornements du tombeau de J.-J. Rousseau, à Ermenonville ». Cette image, de grandeur nature, est, au dire du mari de Mlle Joly, très-ressemblante.

Le peintre Sicardi, dont M. Siret ne fait pas mention dans son *Dictionnaire des Peintres*, a vécu en 1808. Je ne connais de lui que le portrait de Molé, qui se trouve au foyer de la Comédie-Française et qui date de cette époque. Le seul mérite de cette toile est d'être un portrait fait du vivant de l'acteur. S'il n'y a pas un reflet plus intelligent dans les yeux, si la physionomie n'est pas plus expressive, il ne faut s'en prendre qu'au peintre qui n'a pas cru que son art était fait pour saisir autre chose que la ressemblance banale des principaux traits.

M. Alexandre Duval, qui n'a pas connu Molé, quand il jouait les jeunes premiers, avait entendu dire que personne mieux que cet artiste n'avait peint l'amour, les combats, le fanatisme. Il crut volontiers ce qu'on lui avait rapporté, en voyant la vivacité que Molé avait conservée à plus de cinquante ans.

« Ce n'était pas par la beauté des formes, quand je l'ai connu du moins, ajoute M. Duval, qu'il frappait d'abord et prévenait pour lui. Son buste était long, ses membres courts, et, parce qu'il avait du ventre, la culotte (que l'on me passe ce détail), que ne soutenaient pas alors les bretelles que l'on porte aujourd'hui, descendait au grand déplaisir de l'acteur; il en relevait la ceinture à tout moment, mais avec une aisance si particulière que l'on se demandait s'il y avait nécessité, ou seulement un jeu d'homme de cour, où le sans-gêne en toutes choses était en faveur. C'est ainsi que Molé portait fréquemment le doigt sous le nez, comme si, à l'imitation des hommes de qualité, il faisait usage de tabac d'Espagne.

« Voilà, pensera-t-on, une étrange manière d'ébaucher le portrait d'un homme charmant! C'est vrai, mais je n'en ajouterai pas moins que Molé n'était pas bien de figure, quand je l'ai connu, suivi et admiré. Le temps, apparemment, lui avait ôté une partie des avantages extérieurs auxquels dans sa jeunesse il avait dû, m'assurait-on, de remarquables conquêtes. Ce grand acteur portait l'habit de cour, le chapeau et l'épée, admirablement bien. Son aisance et sa grâce étaient inimitables. Sa marche, sa pose, son action, tout en lui plaisait aux yeux et trompait le temps, auquel il échappait par toutes les issues. »

Plus heureux que Baron, Molé reparut à soixante-cinq ans dans *l'Inconstant*, un rôle fait pour un jeune homme de vingt ans. Il y fut si léger, si vif, si pétulant dans ses mouvements, si rapide et si brillant dans sa diction, dans les caprices et les impatiences de ce caractère, qu'il fut évident pour tout le monde qu'à aucune époque de sa vie il n'avait pu être plus parfait dans le rôle.

Nul n'a joué avec autant de puissance et d'autorité *le Misanthrope*. Son talent ferme et plein s'harmonisait avec les intentions de Molière. Il excellait à dire la chanson du roi Henri :

Si le Roi m'avait donné
Paris, sa grand'ville.

Fleury, qui fut pourtant beau dans ce rôle, était très au dessous de Molé et le reconnaissait lui-même.

Le Méchant de Gresset, *l'Impatient*, *le Vieux Célibataire*, *le Mariage secret* et *le Legs* furent autant d'occasions, pour Molé, de montrer l'immense variété de son talent et la souplesse avec laquelle il entrait au plus profond des rôles, faisant disparaître absolument sa personnalité pour ne plus être que la personnification exacte, complète, artistique, saisissante du caractère qu'il avait à représenter.

Dans une petite brochure de 23 pages intitulée : *M. de la Jobardière aux acteurs, actrices et critiques du Théâtre-Français*, publiée à Paris en 1815, et introuvable aujourd'hui, on lit cette notice :

« Baptiste aîné s'affuble de costumes ridicules dans la tragédie, « et ne sait que faire de ses bras longs et gênans; mais, dans la « comédie, ce n'est plus le même homme : au lieu d'exciter la cri- « tique, il la fait changer de figure par les applaudissements réitérés « qu'il s'attire. »

C'est court et net. Nous ajouterons que c'est assez vrai. Baptiste aîné ne réussit pas dans la tragédie. Ayant à lutter contre des défauts physiques, ses bras dont parle M. de la Jobardière, et un empâtement dans la voix qui paraissait sortir autant du nez que de la bouche, Baptiste aîné voulut vaincre la nature. Il chercha, il étudia. Pour éviter un écueil, il tomba dans un autre. A force de recherches et d'études, il arriva à jouer sans naturel, tant ses rôles étaient fouillés, mot à mot, lettre à lettre. Son art tomba dans le maniérisme. Cependant, il a laissé des souvenirs plus qu'honorables. Dans *la Métromanie*, dans *le Philosophe sans le savoir*, et surtout dans *le Glorieux*, dans *l'Amant bourru*, enfin, il s'est montré réellement supérieur.

Le portrait que la Comédie-Française possède de cet acteur n'est qu'une copie exécutée par Ravergie d'après Drolling. On connaît la touche de Drolling, son fini excessif, sa peinture de détail, son perpétuel souci des reflets. On peut donc facilement se figurer ce que doit être un portrait par Drolling... au second degré.

Le portrait de Baptiste cadet est d'un peintre resté inconnu. Cette image, en mettant de côté sa valeur artistique qui peut être passée sous silence, donne une idée assez exacte de l'artiste. Autant son frère aîné avait peiné sans résultat, autant Baptiste cadet eut le talent facile et instinctif. Il était né comique. La nature l'avait gratifié de longues jambes, de longs bras, d'une longue figure, d'un corps qui n'en finissait pas. Il parlait du nez aussi, mais assez doucement. Il avait de l'esprit et de la malice dans une enveloppe adorablement niaise, et ce contraste ne lui était pas inutile pour produire de grands effets. Enfin, il savait faire pleurer aussi bien qu'il savait faire rire. Eustache Baptiste fut donc un excellent comédien. Parmi ses succès je citerai seulement : *l'Avare, les Fourberies de Scapin, les Héritiers*, Dandin des *Plaideurs, les Déguisements amoureux*.

Nous avons gardé pour la fin deux tableaux très-remarquables dus au pinceau de Geffroy.

Le premier représente le foyer des artistes de la Comédie-Française en 1840. Le second met en scène, dans le même décor, les artistes qui composaient la troupe du Théâtre-Français en 1864.

Les Italiens, plus imagés que nous dans leur langue sonore, disent d'un homme qui cultive deux arts qu'il a deux âmes. Les deux âmes de Geffroy, son âme de peintre et son âme de comédien, se sont confondues dans un même amour, et c'est à leur double inspiration que nous devons ces impérissables tableaux.

L'impression qu'ils nous produisent est multiple comme l'esprit qui les a créés. En même temps que nous admirons l'art du peintre, son dessin châtié, élégant, sa touche sûre et franche, sa palette chaude et claire, nous savons gré au grand comédien d'avoir écrit ces deux belles pages de l'histoire de la scène française.

La première de ces toiles, faite en 1840, comme nous venons de le dire, a figuré au Salon de 1841. Elle y a obtenu la médaille d'or. Tous les grands comédiens qui brillaient alors y sont groupés avec un art parfait de la mise en scène. Quelle éclatante pléïade! Que de souvenirs rappellent leurs noms, que de luttes et que de triomphes! Alors, plus qu'aujourd'hui, le théâtre vivait la vie de combat. Les romantiques victorieux n'avaient pas eu le temps d'oublier les batailles de la veille. L'opposition classique, décapitée, frémissait encore. Cette puissante époque, si féconde pour la gloire littéraire de notre siècle, se trouve évoquée tout entière par ce tableau. En le regardant, il semble que l'on passe une revue de troupes, après une campagne heureuse. Ces grands comédiens ne sont-ils pas des soldats de lettres?

Soldats — non; — mais, généraux. — On aurait mauvaise grâce à refuser des titres aux vainqueurs que nous allons citer, dans l'ordre où l'artiste les a groupés, en partant de la droite du tableau.

C'est d'abord Geffroy, qui s'est modestement placé dans un coin de la toile. L'année, où il peignit ce tableau, était pourtant celle où il jouait *Tartuffe* avec une supériorité si marquée. Qu'il oublie ses succès, qu'il s'éclipse devant d'autres illustres, c'est un privilége délicat d'amphitryon qui fait les honneurs de son art à ses amis. Nous ne pouvons que l'en estimer davantage; mais nous restons libre de lui faire dans notre galerie un autre piédestal.

Nous parlions de combats tout à l'heure. Geffroy fut de la grande bataille que livra Alfred de Vigny. Le rôle de *Chatterton*, admirable création de poëte que le comédien comprit en poëte, fut alors pour lui et devint de nouveau, lors de la reprise du drame en 1857, un éclatant triomphe.

Il faut vraiment que l'art du comédien soit bien vaste et bien complet pour avoir pu embrasser dans ses créations — car on peut dire que Geffroy a créé tous ses rôles, même ceux de l'ancienne comédie, auxquels il savait donner un relief nouveau — des genres aussi différents, des caractères aussi incompatibles que ceux que nous voyons figurer dans son répertoire : Alceste et Almaviva, Chatterton et Coictier, Louis XIII de *Marion Delorme*, et Rodolphe d'*Angeli*, Othon des *Burgraves*, et César du *Testament de César*, Tartuffe et François Ier, Voltaire dans *la Comédie à Ferney*, et Marat dans *Charlotte Corday*.

Geffroy, entré à la Comédie-Française en 1829, devenu sociétaire en 1835, se retira du théâtre, en pleine gloire, sans avoir épuisé son immense talent. On le vit bien, en 1867, quand, sollicité de créer *Galilée* de Ponsard, il reparut et fit une de ses plus magistrales créations. Rentré de nouveau dans sa retraite, où il dessinait et peignait avec un goût parfait, des types de Molière ou de Racine pour des éditions nouvelles, il a consenti encore à reparaître une fois sur la scène, et — ce détail fait honneur au vieux lutteur — ce fut pour prêter l'appui de son admirable talent au premier grand drame d'un jeune poëte : *l'Hetman*, de M. Paul Déroulède.

Continuant l'analyse du tableau de Geffroy, nous rencontrons les noms sympathiques de Mme Desmousseaux et de Mme Émilie Guyon, qui entra à la *Comédie-Française* en 1841, et débuta dans le rôle de Doña Sol d'*Hernani*. Deux ans après, elle abandonna le théâtre de Molière pour les scènes du boulevard où ses puissantes qualités dramatiques lui méritèrent une grande et légitime réputation. Théophile Gautier, qui savait si bien exprimer les nuances les plus délicates de l'admiration, la peignait ainsi en deux mots : « une héroïne de Diderot en visite chez Corneille. »

Mme Guyon appartenait de race à la Comédie-Française : elle y revint en 1854, et débuta dans *Rodogune*. Elle joua la tragédie après Rachel, et prit bientôt la première place dans les rôles marqués. Elle fut jusqu'à son dernier jour la gardienne des hautes traditions tragiques de la Comédie-Française.

Voici la gracieuse Mlle Mante, voici Dailly, voici Régnier.

François-Joseph Régnier de la Brière, élevé chez les oratoriens de Juilly, était né pour être artiste. Ce fut d'abord la peinture qui l'attira, et on le vit travailler quelque temps dans l'atelier de M. Hersent. L'architecture le tenta aussi, et le poussa à étudier sous la direction de M. Peyre et de M. Debret. Un examen malheureux à l'École des Beaux-Arts lui fit jeter palette et compas.

— Je serai comédien, se dit-il.

Cette fois il fut tenace. Rien ne le découragea, ni les difficultés des débuts, ni la nécessité d'aller jouer en province. Travaillant toujours, perfectionnant son jeu, développant ses qualités natives, son amour du beau, sa verve, son organe excellent de railleur, il parvint à se faire distinguer et à atteindre la scène du Théâtre-Français. Ce fut le 6 novembre 1831 qu'il débuta. Quatre ans après, il était nommé sociétaire.

Dans l'art dramatique, ce titre équivaut à celui de général dans l'armée.

Avons-nous besoin de rappeler les belles créations de Régnier dans *la Camaraderie*, dans *une Chaîne*, dans *les Demoiselles de Saint-Cyr*, dans *Mlle de la Seiglière* ?

Faut-il citer toute l'œuvre de Molière, qu'il a rendue plus vivante, plus éblouissante que personne? Est-ce que l'on oublie ces types, si merveilleusement frappés au coin de l'observation? Est-ce que nous n'avons pas tous présents à l'esprit ces incarnations si admirables de vérité, si pures de style, si saisissantes d'effet? Le peintre se retrouve dans le comédien. Il fait du portrait en scène. Un autre artiste aussi qui est dans Régnier, et que nous n'avons pas encore présenté, anime ses créations. Ce troisième artiste, c'est un écrivain du meilleur goût, du meilleur ton et de l'esprit le plus alerte. Régnier a collaboré à *Mademoiselle de la Seiglière* avec Jules Sandeau, à *Romulus* avec Alexandre Dumas, et à *Joconde* avec Paul Foucher. Nous lui devons encore les *Mémoires inédits de la Comédie-Française* et l'*Histoire du Théâtre-Français* dans *Patria*.

Au commencement de ce chapitre, nous avons hautement applaudi à la belle pensée de Lekain proposant d'élever une statue à Molière. Régnier reprit ce beau projet et le fit réussir. Sans lui, Molière n'aurait peut-être pas encore le monument qui lui a été élevé rue Richelieu.

Nous ne saurions oublier de signaler la part active qu'il a prise dans la formation et la conservation du Musée de la Comédie-Française. C'est grâce à son intervention que le foyer des artistes s'est enrichi du tableau des *Farceurs*. C'est par ses soins que plusieurs autres portraits sont venus, après le décès des sociétaires, se joindre à ceux de leurs devanciers. C'est sur ses instances que plusieurs descendants des artistes illustres, qui ont figuré au Théâtre-Français, ont promis de léguer à la maison de Molière des images qu'un pieux et respectable souvenir leur fait conserver jusqu'à la mort. Régnier a pour les trésors artistiques de la Comédie un amour de collectionneur. Il est à même d'apprécier mieux que personne ce glorieux Musée dont il connaît à fond l'histoire et le mérite. Nous regretterons toujours qu'il n'ait pas pris la plume à notre place pour dire tout ce qu'il sait sur ce vaste et intéressant sujet.

Retiré du théâtre, M. Régnier travaille encore pour le théâtre. Il professe au Conservatoire et prépare pour le grand art ceux qui maintiendront haut le drapeau de la maison de Molière, qu'il a si fièrement porté lui-même.

Après Régnier, nous reconnaissons dans le tableau de Geffroy Mlle Noblet et Mme Arnould-Plessy.

Quand on parle de Mme Arnould-Plessy, on est toujours tenté de demander :

— Laquelle ?

Est-ce la coquette étourdissante et raffinée ? Est-ce Arsinoé ? Est-ce l'adorable jeune première qui jouait dans *le Verre d'eau*, dans *le Mariage sous Louis XV*, dans *Mademoiselle de Belle-Isle*, dans *Valérie*, dans *les Deux Gendres* ? Est-ce Elmire ?

Est-ce au contraire l'actrice qui émeut, qui touche, qui attendrit ? Est-ce Kitty Bell, de *Chatterton* ? Est-ce *l'Aventurière*, cette étrange charmeuse ? Est-ce Mme Maréchal ? Est-ce enfin la mère de Néron ?

Qu'importe la réponse à ces questions. Souriante ou tragique, Mme Arnould-Plessy a toujours été une grande, une merveilleuse comédienne. Geffroy lui a donné dans son tableau une place d'honneur, la place qui lui revenait de droit.

Près de Mme Arnould-Plessy, sont groupés MM. Joanny, encore un grand nom, Perrier et Firmin.

A côté de Firmin, se trouve Mlle Mars. Nous aurons l'occasion de reparler de cette intéressante physionomie dramatique. Pour le moment, passons. Voici Menjaud. Voici Mme Tousez. Voici Monrose.

Alexandre Duval, dont le petit livre nous est d'un grand secours pour l'appréciation des artistes qu'il ne nous a pas été donné de voir à leur plus brillante période, professe pour le jeu chaud, un peu emporté, pour la verve intarissable, pour la crânerie, pour le *va-de-bon-cœur* de Monrose, comme il dit, une grande sympathie. Il aime la pantomime ardente, la chaleur expansive et communicative de l'acteur. Ce sont là des qualités que nous aimons trop nous-même pour nous inscrire en faux contre le jugement sympathique de celui qui signait : un amateur. De son temps, cependant, la critique reprochait à Monrose de ne pas être un Figaro assez élégant. On aurait peut-être préféré un Figaro correct. Pourquoi pas un Figaro parlementaire ? S'il en est ainsi, Monrose est venu trop tôt et les hommes de son temps étaient dans le faux. Hâtons-nous de dire que dans le public, envahi par les modes anglaises, il y avait encore assez de vrais Français pour applaudir au jeu naturel et à l'esprit franchement national de l'artiste.

Près de Monrose, et prête à lui donner la riposte, se tient Mlle Dupont, fille d'un artiste qui laissa d'excellents souvenirs au Théâtre-Français, et qui s'est elle-même rendue célèbre dans les soubrettes bon-bec de Molière.

Ce n'est pas sortir de Molière que passer de Mlle Dupont à Provost. Provost père, qui était sorti du Conservatoire avec un second prix de tragédie, dut, avant d'arriver à la Comédie-Française, faire un assez long stage à l'Odéon et à la Porte-Saint-Martin, où il joua avec succès dans *Marion Delorme*, dans *Lucrèce Borgia*, dans *Marie Tudor* et dans *Pinto*. Il ne fut admis aux Français qu'en 1835, mais ses efforts incessants lui valurent le titre de sociétaire dès 1839.

Nous nous rappellerons toujours les bonnes soirées que nous devons à cet excellent interprète de Molière. Comme il jouait bien les pères, les tuteurs, tous les rôles bonhomme. Il ne laissait rien au hasard. En l'écoutant, on éprouvait ce sentiment de quiétude que l'on ressent quand on écoute de sa stalle un chanteur comme Faure. On pouvait être tranquille. Aucune fausse note, aucune faute de goût, ne venaient troubler le plaisir du spectateur. Tel il était dans les comédies de Molière, tel on le retrouvait, aussi ferme, aussi magistral, dans les œuvres modernes, dans *le Duc Job*, dans *le Fils de Giboyer*, dans *le Gendre de monsieur Poirier*. C'était un guide sûr, un précieux professeur, que le Conservatoire avait eu le bon esprit de s'attacher.

Provost est mort le 24 décembre 1866, universellement regretté.

On ne peut citer le nom de Beauvallet sans éveiller dans la mémoire de tous les contemporains le souvenir du plus puissant, du plus large, du plus magnifique organe que la nature ait jamais accordé à un roi de tragédie ou à un héros de drame. La belle voix, sonore, tonitruante, portant au cintre, plus loin même, au cœur ! Mais ce serait singulièrement rabaisser le mérite de l'artiste que de ne voir en lui qu'une basse-taille. Son bel instrument était dirigé par un talent énergique qui lui valut à l'Odéon, à l'Ambigu et à la Comédie-Française, quand il y fut admis en 1830, un immense succès. La meilleure preuve, c'est que, dès 1831, il était sociétaire.

Hamlet, le Cid, Cinna, le vieil *Horace, Bajazet*, Aman d'*Esther*, Joad d'*Athalie, Oreste, Mahomet, Louis XI* qu'il reprit après Ligier, Marat qu'il joua deux fois, dans la *Charlotte Corday* de Régnier-d'Estourbet et dans le *Camille Desmoulins* de Blanchard, *Marino Faliéro, Angelo, les Burgraves, les Enfants d'Édouard, Marion Delorme, Lucrèce, Latréaumont* : autant de rôles, autant de triomphes. N'oublions pas, dans cette nomenclature si longue et si incomplète, *la Grève des Forgerons* de François Coppée.

Pierre Beauvallet, qui avait commencé par étudier la peinture avant d'être comédien, a écrit plusieurs pièces, notamment *Caïn* joué à l'Ambigu, *la Prédiction*, cinq actes en vers représentés au Théâtre-Français ; *Robert Bruce* et *le Dernier des Abencérages*.

Je passe rapidement sur les autres personnages du tableau : Mlle Rachel dont j'ai déjà parlé, Saint-Aulaire, Ligier dont je parlerai plus loin, Guiaud et j'arrive enfin à Samson.

Voilà une intéressante et sympathique figure d'artiste et d'écrivain, un esprit complet, agréable sous tous ses aspects, séduisant sous toutes ses formes et dans toutes ses phases.

Dès l'enfance une vocation irrésistible pousse Samson vers le théâtre. Petit clerc chez un avoué de Corbeil, petit commis dans un bureau de loterie, il ne rêve que drame et comédie. A quinze ans, il débute en amateur sur le théâtre Doyen. Encouragé par ses premiers succès, il entre au Conservatoire, reçoit les conseils de Lafont et obtient le premier prix de comédie. Mais le Théâtre-Français le laisse partir. Il va en province, à Dijon, à Besançon. Il se présente au public de Rouen qui se vantait alors, comme d'une preuve sublime de goût, d'avoir sifflé Talma ! De Rouen, on l'appelle au second Théâtre-Français, et enfin, en 1826, dans la maison de Molière où le sociétariat s'ouvre bientôt pour lui. Un moment il quitta la Comédie pour aller jouer sur une autre scène. On le rappela par ministère d'huissier. Il appartenait, en effet, à notre premier théâtre par son talent exquis. Qui donc eût comme lui joué ces beaux rôles de l'ancien répertoire pour lesquels il faut tant de finesse, tant de comique, tant de surface souriante et tant de solidité dans le fond ? Qui donc eut créé ces pièces nouvelles : *Bertrand et Raton, la Camaraderie, Don Juan d'Autriche, la Calomnie, Lady Tartuffe, Mlle de la Seiglière* ?

Comme écrivain, Samson a donné au théâtre un bijou en un

acte : *la Famille Poisson*, dans laquelle il s'était réservé le rôle de l'aïeul des Crispins qu'il jouait merveilleusement. Il a fait aussi *Un Veuvage*, trois actes représentés aux Français, *la Fête de Molière, un Péché de jeunesse, la Dot de ma fille.*

C'est une remarque à faire que les artistes du Théâtre-Français, qui sont de beaucoup supérieurs à tous ceux des autres scènes, ont aussi une instruction bien plus élevée. Régnier, Samson, Beauvallet sont des exemples à citer. Tous trois sont des auteurs de mérite en même temps que des interprètes de valeur. N'oublions pas le poëme didactique de Samson : *l'Art théâtral*. Il avait le droit de donner ce titre à son œuvre, celui qui fut le professeur de Mmes Rachel, Plessy et Brohan.

Comme les romanciers désireux de brusquer le temps, nous pourrions inscrire en tête de ce qui va suivre : *Vingt ans après*. Le tableau peint par Geffroy en 1864 représente, en effet, une toute autre époque que celle qui vient d'être exposée. Parmi les personnages que le peintre a représentés avec le même talent, la même habileté, la même exactitude, nous en retrouverons quelques-uns de ceux que nous venons de voir. Mais que de noms nouveaux ! Que de jeunes gens dont la gloire et la réputation ont grandi dans l'intervalle qui sépare la première toile de la seconde !

Suivant toujours le hasard des groupements adoptés par le peintre, nous rencontrons d'abord, en partant de la droite du tableau, la mâle figure de Maubant.

Maubant a suivi, pour arriver à la Comédie-Française, la filière naturelle. Il est allé conquérir, en 1841, un prix au Conservatoire; il a fait un stage à l'Odéon. Enfin, il est arrivé à la Comédie, et il fait partie des sociétaires depuis 1852.

Par sa belle taille, par sa voix nette et grave, par sa tenue d'une majesté imposante, Maubant est le roi tragique, le sénateur romain, le père noble par excellence. Qu'il se drape dans les plis amples d'une toge, qu'il endosse le vêtement moderne, il a toujours la même dignité, il inspire toujours le même respect. Consciencieux à l'excès, dévoué, bon camarade, il accepte tous les rôles petits ou grands, pensant avec raison que sur la première scène du monde on peut tout jouer sans déroger, et que les plus petits personnages ne doivent pas être plus mal tenus que les autres. S'il nous fallait citer toutes les pièces de l'ancien répertoire, dans lesquelles Maubant s'est distingué, nous remplirions un volume : nous préférons rappeler seulement son plus récent succès dans *Rome vaincue*. Le sénateur Fabius, dans le cœur de qui vivait Rome tout entière : Rome avec son glorieux passé, Rome avec sa foi et ses mâles vertus, a trouvé dans Maubant un interprète hors ligne, le seul peut-être qui fût capable de donner à cette fière et noble figure la grandeur rêvée par le poëte.

Nous retrouvons, à côté de Maubant, Geffroy, sur la tête duquel ces vingt ans ont passé sans laisser des traces bien profondes. Près de Geffroy sourit Mlle Judith, qui a quitté le théâtre pour se marier, laissant derrière elle bien des regrets et bien des sympathies, et près de Mlle Judith, Coquelin aîné.

Coquelin aîné, lauréat du Conservatoire, est entré à la Comédie-Française le 7 décembre 1861. Un an après — un an et quelques jours — le 1er janvier 1863, il était reçu sociétaire. Il ne comptait donc encore que depuis deux ans sur les contrôles du théâtre, quand l'auteur d'*Ariane et Thésée* peignit son second tableau du foyer des Français.

Bien que l'excellent comédien n'eût encore abordé, dans l'ancien répertoire, que l'emploi des casaques, Geffroy dut beaucoup hésiter avant de commencer ce portrait. Si d'un côté il était attiré par l'intérêt artistique que lui offrait le masque souple, expressif, vivant, lumineux de Coquelin, d'autre part il devait reculer devant la difficulté de saisir, dans les mille physionomies que se donne l'acteur, celle qui pouvait résumer ses aptitudes, ses goûts, ses talents divers. Coquelin n'était pas encore Coquelin; mais il était déjà Mascarille. Il était le Mascarille multiple, toujours renouvelé, toujours changeant, Mascarille-Protée. Laquelle de ces incarnations fallait-il choisir? Était-ce le Mascarille défiant qui vient le nez au vent, les reins courbés, flairant la zone où grêlent les coups de bâton, préparant le piége où tombent les Géronte, jouant son rôle de Providence pour les prodigues et les amoureux; le Mascarille doux, bon apôtre, encore plus rusé sous ces apparences câlines? Était-ce, au contraire, Mascarille triomphant, Mascarille embrassé par les fils et par les pères, recevant des deux mains, se laissant faire avec la plus grande facilité du monde et dilatant sa rate populaire en songeant à quoi tient la fortune; le Mascarille trompette de sa propre gloire, qui crie : *Vivat Mascarillus*, et qui se sent pour la première fois la poche lourde, le cœur léger et le cou libre? Était-ce enfin monsieur le marquis de Mascarille, singe sublime de son maître, plus précieux qu'un amant de Julie, plus madrigalier que Saint-Amand, plus débordant, plus absorbant, plus étourdissant, plus embrassant, plus élégant que tous les marquis de cour ensemble?

Certes l'embarras du peintre se conçoit en présence de tous ces types si franchement accusés par le comédien, mis en si puissant relief par les moyens dont il dispose, par son organe qui sonne si haut et si clair, par son rire tantôt fin, tantôt épanoui, toujours communicatif, par son esprit qui perce dans ses yeux autant que dans ses réparties.

Mais combien la tâche serait plus difficile pour un artiste qui voudrait aujourd'hui recommencer l'œuvre de Geffroy. Depuis

1864, Coquelin n'a cessé de perfectionner son talent en l'affinant. Il a bâti de toutes pièces des personnages complets, francs d'allures, véritables caractères. Avec quel art parfait n'a-t-il pas rendu la pittoresque et touchante figure de *Gringoire*, le poëte famélique, mourant d'amour et de faim, pitoyable d'aspect et sublime de génie, couard et héroïque. Ne l'a-t-on pas admiré sous les traits de Mercure, dans *la Pomme*, cette exquise fantaisie de Banville, à laquelle il a ajouté sa finesse naturelle? Récemment, il déployait dans *Tabarin* une verve intarissable. Dans un autre ordre d'idées, le rôle d'Aristide du *Lion amoureux* restera une de ses plus curieuses créations. Il y a été peuple au suprême degré. On le retrouve duc, dans *l'Étrangère*. Il excelle, du reste, à représenter les mauvais sujets de comédie, aussi blasés que blasonnés, mais toujours spirituels.

Dans l'ancien répertoire, ses conquêtes se sont étendues. Mascarille a été tour à tour Oronte, Crispin, Scapin, Mercure et Figaro. Dans sa bouche la langue des grands auteurs, celle de Molière et de Beaumarchais, prend une fermeté étonnante, une sonorité métallique, une précision admirable. Les effets que le comédien obtient sont d'une intensité rare. Et qui résisterait à son rire, son rire exquis, plein de gaîté gauloise?

Si Coquelin excelle dans les rôles comiques, on a pu voir dernièrement, dans *le Luthier de Crémone*, qu'il avait aussi la note dramatique et qu'il pouvait faire pleurer aussi bien qu'il savait faire rire.

Nous ne dissimulons pas l'admiration très-grande et très-sincère que nous éprouvons pour cette sympathique figure de comédien. Cette admiration date de loin. Elle est née le soir de la première représentation de *la Volonté*, un drame en vers qui fut accueilli avec une certaine froideur. Cette pièce méritait-elle autant de rigueur? Peut-être. Ce que nous savons, c'est que Coquelin y fut tout à fait merveilleux. C'était lui qui tenait le principal rôle. Au premier acte, c'était un jeune homme un peu gauche, empoté, venant de province, d'un beau pays sans doute où la grasse cuisine donne des joues pleines, où les modes sont en retard et les études peu avancées. Il cherchait une place à Paris. Il voulait arriver. On le repoussait à première vue, sur la mine. — Savez-vous l'anglais? — Non. — Alors, nous ne pouvons rien faire de vous. Il faut savoir l'anglais. — Je l'apprendrai.

A l'acte suivant, le petit provincial s'était déjà un peu dégourdi; il portait le même vêtement qu'au premier acte; mais il le portait autrement. Il y avait plus de souplesse dans ses mouvements. Ses joues commençaient à fondre. Le comédien faisait sentir par ces riens la métamorphose accomplie par un mois de séjour et de travail dans Paris. Il savait l'anglais maintenant, on trouvait une autre défaite pour l'éloigner encore.

Et, à chaque acte, il revenait. — Décidément, la pièce n'était pas très-bonne, mais l'acteur était excellent. — Il revenait donc un peu amélioré, un peu plus avancé, un peu moins démodé; accentuant ses progrès par des nuances extrêmement délicates et bien calculées, vraisemblables, tant et si bien qu'à la fin la chrysalide devenait papillon.

Avant cette soirée, nous avions souvent applaudi le jeu de Coquelin, sans trop l'approfondir, entraîné par sa brillante surface; ce jour-là, nous comprîmes avec quel soin l'artiste, non content de préparer ses effets, de soigner sa diction, étudiait le détail de ses rôles et tirait parti des moindres choses pour compléter ses créations et les rendre parfaites.

Revenons au tableau de Geffroy pour saluer au passage Mme Guyon et Samson, que l'on a déjà vu figurer dans le foyer de la Comédie en 1840.

Près d'eux se tient la pauvre Mlle Émilie Dubois qui débuta à seize ans, en 1853, et qui ne survécut que bien peu de temps au siége de Paris, pendant lequel elle se montra si dévouée à l'ambulance de la Comédie-Française. Quelle exquise ingénue ! Quelle touchante figure de jeune fille : gracieuse, charmante, naïve, adorablement blonde, elle semblait faite pour les rôles de douceur et d'abandon. On n'a pas oublié le délicieux tableau de *la Joie fait peur*, dans lequel s'encadraient si coquettement sa jeunesse et sa beauté. On n'oubliera jamais la façon dont elle joua *Rosette* dans *On ne badine pas avec l'amour*.

Voici Bressant.

On peut définir Bressant d'un mot : — C'est un gentilhomme.

Depuis Baron, on n'a jamais vu à la scène un artiste possédant tant de tact, tant de distinction réelle, tant d'élégance, ayant aussi grand air, et menant aussi grand train. C'est de lui qu'une dame disait : « Il est du monde. »

Et dans la bouche de cette personne, cet éloge était le plus grand qu'elle pût faire.

On raconte que le jour où Bressant, déjà célèbre et nommé d'emblée sociétaire à la Comédie le 1er février 1854, débuta dans *les Femmes savantes*, une autre dame ne put retenir cette exclamation : « Qu'il est charmant ! »

Que pourrais-je ajouter à ces deux jugements féminins ? Ne disent-ils pas tout ? Ne traduisent-ils pas tous deux l'impression du public devant ce comédien distingué dans sa personne et dans son jeu, interprétant avec le meilleur style tous les rôles qu'on lui confiait, et n'ayant, pendant toute sa carrière artistique, commis aucune faute contre le bon goût ?

Il ne nous reste donc qu'à donner quelques dates et à citer quelques rôles :

Né à Châlon-sur-Saône en 1816, Bressant a été petit clerc ; il a débuté au Théâtre-Montmartre et aux Variétés. Après un voyage en Russie, il a reparu au Gymnase. Pour le ramener à Saint-Pétersbourg, la Russie lui offrait 70,000 fr. par an et deux mois de congé ; il préféra entrer à la Comédie-Française, comme chef d'emploi. Dans l'ancien répertoire, Bressant a joué *l'École des Bourgeois*, Almaviva, Alceste, *Turcaret* et — le croirait-on ? — *Tartuffe*.

Dans le nouveau répertoire, il s'est distingué par la façon dont il a interprété Bolingbroke du *Verre d'eau*, Richelieu de *Mademoiselle de Belle-Isle*, et dont il a créé le *Cheveu blanc*, le *Caprice*, le *Bougeoir*, mon *Étoile*, *Il faut qu'une porte soit ouverte*, Clavaroche du *Chandelier*, un *Cas de conscience*, le *Feu au couvent*, le Général Humbert du *Lion amoureux*, Charles-Quint dans *Hernani*.

M. Bressant a pris — malheureusement pour nous — sa retraite le 1er février 1877. Il était encore professeur au Conservatoire à la fin de cette même année 1877.

Nous arrivons à l'une des plus intéressantes dynasties artistiques de ce siècle, aux Brohan.

Suzanne Brohan, la mère d'Augustine et de Madeleine, a commencé à rendre ce nom cher au public. L'excellente actrice du Vaudeville assit solidement, par des succès constants, la réputation que ses filles ont soutenue et augmentée après elle. Quand Augustine, couronnée par le Conservatoire, débuta à la Comédie-Française en 1841, un des spectateurs, partagé entre l'admiration que lui avait toujours inspirée Suzanne et celle que la gloire naissante de la jeune fille lui paraissait mériter, eut l'idée de composer cette devise pour la débutante : *Brohan suis!* Ainsi furent données à Augustine, et plus tard à Madeleine, par le Roi public, des lettres de noblesse,—noblesse qui n'est pas d'épée et qui n'est pas de robe, — noblesse nouvelle, noblesse d'art.

Augustine Brohan a toutes les qualités de sa mère, l'organe

sonore, la prononciation vibrante, pénétrante, la beauté noble que donnent la distinction du type, la pureté du profil. On ne sait quelle flamme intérieure, quel démon souriant dément ce masque de reine, et en fait le plus gracieux, le plus séduisant visage de femme aimable. Ou plutôt si, on le sait : c'est l'esprit le plus exquis, avec sa coquetterie, ses trouvailles inattendues, ses expressions : regards, paroles et sourires.

Mlle Augustine Brohan n'a jamais abandonné le Théâtre-Français pour aucune autre scène. Il est vrai que la Comédie n'aurait pas laissé partir celle qui avait été nommée sociétaire à l'unanimité un an après ses débuts ; celle qui, après avoir été adorablement friponne dans les soubrettes de Molière et de Marivaux : Dorine, Lisette, Suzanne et Colombine, se montra, sinon supérieure, du moins égale à elle-même dans l'emploi des grandes coquettes.

Augustine Brohan restera l'une des plus idéales incarnations de la comédienne, toujours charmeuse en scène et hors de scène. Devant la rampe elle double l'esprit de l'auteur par sa façon d'interpréter les rôles ; rentrée dans le foyer, elle continue à avoir, à elle seule, autant d'esprit qu'elle en avait quelques minutes avant en collaboration avec Marivaux. Ce mot : l'esprit revient sans cesse sous notre plume, comme le ton dominant revient sous le pinceau du peintre, qui retouche et qui empâte pour rendre l'effet plus saisissant, la valeur plus accentuée.

La faute en est à Mlle Augustine Brohan, dont les fines réparties sont si célèbres. C'est la plus grande prodigue d'esprit que l'on sache. Elle puise sans compter dans un trésor sans fin, et elle donne de l'esprit même à ceux qui l'écoutent.

Tout cet esprit de riposte dépensé entre deux portants, pendant un entr'acte ou dans une causerie intime, ne sera pas perdu. La presse a cité des mots de la comédienne en assez grand nombre pour composer un *Ana*. Mlle Augustine Brohan a eu de son côté la bonne idée de ne pas s'en tenir à l'esprit parlé. Elle a écrit quelques comédies : *Compter sans son hôte; les Métamorphoses de l'amour; Qui femme a, guerre a ; Il faut toujours en venir là;* elle a publié dans le *Figaro* des lettres signées Suzanne. Tout cela compose un bagage littéraire coquet, piquant, étincelant.

Nous nous ferions un scrupule de séparer Mlle Madeleine Brohan de Mlle Augustine Brohan, comme l'a fait Geffroy dans son tableau. Le peintre, qui connaît les finesses de la mise en scène, a sans doute pensé qu'on ne pouvait mettre deux reines l'une près de l'autre. La même esthétique ne régissant pas le tableau et le livre, nous allons, sans interruption, dire tout ce que nous savons sur les Brohan.

Mlle Madeleine Brohan avait dix-sept ans quand elle parut pour la première fois sur la scène des Français. Elle était très-jeune, on le voit, et très-fière d'avoir remporté un premier prix au Conservatoire, à l'unanimité. Un feuilleton du *Siècle*, écrit le lendemain des débuts de la troisième Brohan, dit : « Mlle Brohan a dix-sept ans; elle est très-belle. Sa beauté est éclatante, trop éclatante peut-être pour ses dix-sept ans; elle a l'aplomb, la démarche, l'assurance d'une comédienne exercée..... Nous la voulions mauvaise un petit moment; nous n'avons pas eu ce bonheur; nous lui trouvons trop de talent. »

Ce n'est pas une critique dramatique, c'est une cérémonie du sacre.

A dix-neuf ans, Madeleine Brohan jouait Célimène pour la première fois. Après cette audacieuse tentative, on la nomma sociétaire. Ce rôle de Célimène, que l'enfant abordait avec tant de crânerie, et non sans succès, la femme se l'est depuis merveilleusement assimilé. Ses progrès dans son art ont été continus, incessants, éclatants. Quand on envisage la belle carrière de la comédienne, on ne voit, à vrai dire, qu'un reproche à lui adresser. De 1856 à 1858, Mlle Madeleine Brohan nous a quittés pour aller en Russie. Elle est revenue heureusement, après cette courte escapade, et est toujours restée, depuis, fidèle à la scène, qui est la vraie, la seule patrie des talents comme le sien.

Quand nous parcourons des yeux le tableau de Geffroy, chacune des figures que nous y découvrons nous rappelle tout un monde de souvenirs, de visions charmantes aperçues dans la flambée de la rampe. Si nous ne résistons à notre entraînement, nous voudrions faire revivre dans ce livre toutes les joies franches, toutes les émotions saines, que nous devons aux inimitables artistes représentés par le peintre. Forcé de ne pas trop nous étendre, nous cherchons, dans toutes ces évocations, le trait saillant pour le donner seul, négligeant, bien malgré nous, mille détails exquis. Nous sommes amené insensiblement, en resserrant nos esquisses, à ne plus voir la multiplicité des rôles, mais le caractère distinctif de chaque artiste.

Ainsi Delaunay n'est plus pour nous, en ce moment, le Fortunio touchant du *Chandelier*; le Dorante coquet; le Léandre, tourment des filles; le Cœlio des *Caprices de Marianne*; le Fantasio rêvé par Alfred de Musset; le Perdican de *On ne badine pas avec l'amour*. Il est tout cela et mieux que tout cela. Il est l'amant de vingt ans, fils des poëtes, qui conte ses secrets aux étoiles, qui murmure les paroles émues, Sésames des cœurs virginaux; le héros des duos nocturnes, des promenades à deux dans les bois, amoureux de l'âme et du corps, ayant des caresses et des étreintes, des désespérances et des folies, et plus de triomphes que d'attentes.

Sans doute le comédien varie, avec un art infini, ce rôle éternel de la jeunesse souriante, croyante, aimante; mais il nous plaît davantage de voir en lui la haute expression de l'amoureux, supérieure à toutes les individualités amoureuses. Nous le voyons ce qu'il est : il est la jeunesse.

Près de M. Delaunay, voici Mlle Figeac et Mme Victoria Lafontaine. Après avoir passé trop rapidement sur la première scène du monde, ces deux artistes ont suivi des destinées différentes. L'une s'est mariée et a renoncé à l'art dramatique. Mme Victoria Lafontaine n'a heureusement pas abandonné la carrière qu'elle avait choisie, et elle a trouvé sur d'autres théâtres de beaux et grands succès, qui confirment ceux qu'elle avait remportés à la Comédie-Française.

M. Gallois, dans sa biographie contemporaine des artistes du Théâtre-Français, cite une lettre adressée par Mme Lafontaine à un écrivain.

« Monsieur,

« Vous me demandez quelques renseignements qui vous permettent de faire ma biographie. Elle a été faite bien des fois à mon insu, et toujours au point de vue du roman ; car ma vie a été si simple qu'elle prête peu à pareil sujet.

« C'est M. Gustave Lemoine, frère de M. Montigny, et sa chère femme Loïsa Puget, qui m'ont fait entrer au Gymnase. J'y suis entrée presque enfant ; j'ai été accueillie par M. Montigny et Mlle Rose Chéri, avec la plus exquise bonté. Pour leur prouver ma reconnaissance, j'ai beaucoup travaillé. Le ciel m'a bénie comme artiste, et aussi comme femme, puisqu'il m'a fait rencontrer un mari. Voilà ma vie, monsieur ; vous voyez qu'elle peut être intéressante pour les miens, mais fort peu pour le public. »

Nous avons tenu à citer cette lettre, parce qu'on y trouve cette grâce honnête, cette naïveté fine, ce cœur franc et droit, qui donnent au talent de Mme Victoria Lafontaine un caractère si profondément sympathique.

C'est le 26 février 1864, que Mlle Victoria Valons, mariée depuis un an à Lafontaine, a débuté aux Français dans le rôle de Cécile de *Il ne faut jurer de rien*. La belle soirée! La parfaite actrice! Et quel triomphe on lui fit!

Nous l'avons applaudie depuis, bien des fois, dans le rôle d'Agnès de *l'École des femmes* qui semblait fait pour elle, dans le marquis de *l'Œillet blanc*, dans Loysa de *Gringoire*, dans Rosine du *Barbier*.

En quittant la Comédie-Française, Mᵐᵉ Victoria Lafontaine n'a rien perdu de son talent bien personnel. Elle l'a magnifiquement prouvé, dernièrement encore, en jouant, avec une émotion réelle d'honnête femme, le rôle de Mᵐᵉ Georges dans *Fromont jeune et Risler aîné*.

M. Lafontaine n'est pas loin de sa femme dans le groupement adopté par Geffroy.

M. Lafontaine a eu souvent à lutter contre la mauvaise fortune. Ayant embrassé la carrière dramatique malgré la volonté de ses parents, n'étant pas annoncé par des études au Conservatoire, il a dû passer par les théâtres les plus modestes avant d'arriver aux grandes scènes, dont son talent lui a enfin ouvert les portes.

Accueilli au Gymnase en 1849, Lafontaine se posa rapidement et passa bientôt premier rôle. Il créa le type admirable du colonel dans *le Fils de famille*, le comte de *Diane de Lys*, *Flaminio*. Que sais-je encore? La Comédie-Française, qui l'avait déjà appelé à elle en 1854, le décida enfin à venir jouer rue Richelieu. Mais l'artiste ne fit pas un long séjour sur cette scène. Après avoir joué *le Cid*, en romantique, à l'espagnole, en étudiant le romancero, et en cherchant la belle couleur qui avait séduit Corneille, il alla au Vaudeville interpréter *Dalila* et *le Roman d'un jeune homme pauvre*. Il retourna ensuite au Gymnase, où il eut la bonne fortune de créer *la Perle noire*,

8

les *Pattes de mouches,* les *Ganaches,* le *Bout de l'An de l'amour.*

Enfin, le 20 octobre 1863, M. Lafontaine et Mme Victoria Lafontaine entraient ensemble à la Comédie-Française avec le rang de sociétaires. Alvarez du *Supplice d'une femme,* Louis XI de *Gringoire,* le colonel de *Maître Guérin,* furent ses créations principales pendant cette période.

Il ne nous appartient pas de rechercher les motifs qui ont décidé M. et Mme Lafontaine à quitter la Comédie. Le tableau de Geffroy nous conserve le souvenir du passage de ces deux artistes au Théâtre-Français. Il eût été vraiment regrettable que le portrait du comédien, qui a si bien rendu le personnage de Mazarin dans *la Jeunesse de Louis XIV* à l'Odéon, ne figurât pas dans le musée.

Saluons au passage Mme Arnould-Plessy, toujours belle, et à l'apogée de ce talent, dont la dernière manifestation a été la création d'Agrippine dans *Britannicus.* Arrêtons-nous devant le portrait de Mlle Favart.

Mlle Favart, qui s'appelle en réalité Marie B***, a pris le nom sous lequel elle s'est fait connaître, en entrant au Conservatoire. Elle en avait le droit, étant nièce du grand Favart. A ce droit de naissance, elle a ajouté depuis le droit de conquête.

Nous avons dit que Mlle Favart avait fait ses études dramatiques au Conservatoire; elle y remporta un prix qui facilita son entrée à la Comédie-Française. Tour à tour héroïne persécutée des drames, et souriante jeune fille de la comédie, elle fut la jeune première avec toutes ses métamorphoses.

Ce qui plut tout d'abord dans la jeune artiste, ce qui séduisit le public, ce fut ce je ne sais quoi qui charme dans un bouton de fleur, la promesse de la rose, le pressentiment de la femme. En la voyant si jolie, si distinguée, si intelligente, si excellente dans son jeu et dans sa diction, on fut autorisé à voir en elle l'une des gloires futures du théâtre. On prédit à ce Chérubin — ce fut son premier beau rôle — une brillante fortune.

Mais l'inconstant Chérubin abandonna un moment les Français pour les Variétés. La fugue ne se prolongea pas heureusement. Mlle Favart revint à la Comédie, plus maîtresse d'elle-même, avec un talent déjà mûr pour les grands succès, et elle ne tarda pas à conquérir l'autorité qui est la consécration du mérite.

La liste est longue de ses créations. « Mille et trois », dit Leporello citant les conquêtes de Don Juan. La liste des rôles, et par conséquent des victoires de Mlle Favart, doit atteindre un chiffre semblable. Nous n'entreprendrons pas de les désigner tous. Pourtant nous rappellerons qu'elle a animé successivement ces sympathiques héroïnes du répertoire moderne qui se nomment : Lelia de *Sullivan*, Agathe de *la Camaraderie*, Christine de *Bertrand et Raton*, Stéphane du *Chef-d'œuvre inconnu*, Hélène de *Mlle de la Seiglière*, Fernande du *Fils de Giboyer*, Mathilde du *Supplice d'une Femme*, Gabrielle, la Princesse de *Fantasio*, Antonia de *Galilée*. A la fois chaste et passionnée, coquette avec des réserves délicieuses, tendre, abandonnée, mais sachant se reprendre, ayant les extrêmes audaces et les extrêmes timidités de la femme complète, en qui le cœur et l'âme luttent sans cesse, câline parfois, suprêmement dédaigneuse à l'occasion, Mlle Favart a su mettre dans son talent tous les contrastes humains. Il est un rôle entre tous dans lequel elle se surpassa, c'est celui de Doña Sol d'*Hernani*. Avec quel art parfait, quel sentiment profond elle a fait vivre cette admirable création de notre plus grand poëte dramatique !

Le tableau de Geffroy est riche en célébrités artistiques. Près de l'actrice puissante, dont nous venons de parler, apparaît une comédienne accomplie, qui dissimule sous les cheveux gris et les rides de Mme Pernelle un visage jeune encore.

Mlle Jouassain, élève de Samson, a débuté le 17 décembre 1851 à la Comédie-Française. Un mois après, jour pour jour, bien qu'elle n'eût pas vingt ans, elle abordait l'emploi des duègnes, qu'elle a héroïquement conservé, et dans lequel elle est restée inimitable. Son succès immense tient peut-être précisément à cela. Le plus souvent, c'est après avoir suivi la filière de l'âge, après avoir été ingénue, jeune première, grande coquette et mère noble que les comédiennes consentent à jouer les vieilles femmes. Encore ne s'y résolvent-elles qu'avec la plus grande peine, presque contraintes. Elles apportent donc dans cet emploi un mécontentement intime, quelquefois de la haine pour le personnage qu'elles sont appelées à rendre. Mlle Jouassain, au contraire, a couru à la vieillesse factice avec l'entrain et la gaieté d'une jeune fille. Cela a été un plaisir pour elle de cacher sa personnalité enjouée, souriante, sous la dentelle des bonnes vieilles. Elle a éprouvé une plus grande satisfaction d'artiste, en se transformant plus complétement pour la scène. La belle affaire vraiment de jouer les ingénues quand on a dix-huit ans, et les coquettes quand on en a trente. Il y a bien plus d'art à représenter des septuagénaires, quand on a naturellement les joues roses et l'œil pétillant.

Toutes ces raisons font que les vieilles, interprétées par Mlle Jouassain, sont exquises. Est-il rien de plus charmant qu'une vieille, qui a le cœur et l'esprit jeunes ?

Argante, Mme Pernelle, Marceline, Céphise, nous vous admirons également sous vos aspects divers, et vous aussi, marquise entêtée, si tenace aux préjugés, qui vous étonnez qu'un ingénieur épouse, par droit de conquête, votre héritière à trois quartiers.

Il y a, dans le répertoire de Molière, un rôle que tous les grands artistes ambitionnent et qu'ils comprennent tous différemment, c'est celui de Tartuffe. Cela tient peut-être à ce que l'hypocrisie a toutes les faces et s'adapte à toutes les positions et à tous les caractères. On a souvent vu jouer ce rôle et de bien des façons; mais, quand on relit le chef-d'œuvre du maître, le type qui revient à la mémoire avec le plus de tenacité est celui qui a été créé par Leroux et qui est resté plus près du texte qu'aucun autre.

Paul Leroux, élève du Conservatoire, deux fois lauréat, est entré à la Comédie-Française en juin 1841; il est devenu sociétaire en 1845.

Très-soigneux, plein de zèle, ne négligeant jamais l'étude, cherchant le bien, trouvant le mieux, élégant, bel homme, cet artiste a rendu de grands services à la Comédie. On cite, parmi ses meilleurs rôles, le *Joueur* de Regnard, Dorante du *Jeu de l'amour et du hasard,* César du *Mari à la campagne,* Saint-Hérion des *Demoiselles de Saint-Cyr,* l'abbé d'*Adrienne Lecouvreur,* Hoche du *Lion amoureux.*

Celui, dont nous avons à parler maintenant, est un maître. En l'écoutant, en le regardant, on comprend combien l'art du comédien est au fond le même que l'art du peintre, que l'art du romancier, que l'art de l'auteur dramatique. Le grand art — sous quelque forme qu'il se présente — procède toujours de l'observation serrée, complète, générale de la nature. L'acteur, le peintre, le romancier ne peuvent faire des créations, qui soient des chefs-d'œuvre, qu'à force de regarder, d'étudier, d'analyser les caractères humains.

Got ne doit pas penser autrement. Tous les personnages qu'il a créés crient la nature. Ils sont vivants, bien vivants, bâtis de toutes pièces, parfaits d'exécution et d'équilibre. Nous nous sommes souvent demandé si Got n'était pas le meilleur portraitiste de ce temps.

N'est-ce pas un portrait remarquable que celui de l'abbé dans *Il ne faut jurer de rien* ? Mais, dira-t-on peut-être, ce portrait avait été esquissé par Alfred de Musset; Got n'a fait que l'achever. Relisez le texte et allez voir jouer le proverbe. Vous comprendrez alors tout ce que le comédien a ajouté à l'œuvre du poëte, le travail de poëte qu'il a fait lui-même pour composer l'inoubliable figure de bon vicaire reçu au château, courant après les pelotons de fil, tirant son mouchoir à carreaux, assurant ses lunettes, réfléchissant longuement, la main sur le couvercle de sa tabatière, bousculé, grondé, désorienté, scandalisé par les caprices d'une petite fille de seize ans.

Et *Monsieur Poirier*? Quelle création ! Daumier et Henry Monnier n'auraient pas mieux compris, mieux vu le bourgeois enrichi, ambitieux, poursuivant son rêve de gloire et d'honneurs par tous les moyens, étayant sa fortune d'hier et son crédit naissant sur la vieille noblesse de son gendre, ayant dans ses plus folles prodigalités des avarices et des calculs de parvenu.

Je pourrais, à l'appui de ma thèse, citer tous les rôles de ce grand comédien : son Sganarelle du *Médecin malgré lui*, son Baudrille dans *le Cœur et la Dot*, son *Figaro*, son Petit-Jean des *Plaideurs*, son *Monsieur de Pourceaugnac*, son Jean de *Bertrand et Raton*, son Lambert du *Voyage à Dieppe*, son *Duc Job*, son *Maître Guérin*, son Lagarde de *la Contagion*, son banquier de *Jean de Thommeray*, son vieux Rabbin de *l'Ami Fritz*, autant d'œuvres d'art signées : Got.

Car il a une signature, ou pour être plus exact, un cachet d'originalité personnelle qu'il imprime à toutes ses créations. C'est un certain air, une façon d'être qui est à lui, un geste imprévu, un jeu de physionomie, quelque chose qui vient tout à coup, que l'on n'attendait pas, et qui est juste; une nuance de la plus grande finesse succédant à un effet de passion ou d'emportement; une verve extraordinaire, un calme parfait, une inspiration subite, un accent venant du cœur ou de la tête, une souplesse de moyens et une originalité surprenantes, un profond sentiment du comique vrai, un immense amour de son art.

M. Got a été, du reste, amené aux Français par une vocation bien dessinée. Élève du lycée Charlemagne, lauréat au concours général, licencié en droit, il a voulu entrer au Conservatoire, où il a remporté, en 1841, un deuxième prix, et, en 1842, un premier prix de comédie. Deux ans après, il débutait au Théâtre-Français, et, si sa nomination au titre de sociétaire ne date que de l'année 1850, c'est que le jeune comédien dut aller passer quelques années à Nantes pour remplir des engagements antérieurs.

Mlle Nathalie (Nathalie Martel), que Geffroy a peinte dans le rayonnement de sa beauté, n'est pas venue tout d'abord frapper à la Comédie-Française. Elle a débuté à seize ans aux *Folies-Dramatiques* dans *la Fille de l'air*. Elle était si jolie, elle jouait avec un tel talent, que tout Paris voulut aller la voir et l'entendre, et ce fut bientôt, entre les directeurs de théâtres, une lutte à qui l'engagerait aux plus belles conditions. Mlle Nathalie donna la préférence au Gymnase, où l'attirait le répertoire de Scribe et de Bayard. Elle remplaça deux excellentes comédiennes : Mlle Léontine Volnys et Mme Allan-Despréaux, et se fit applaudir frénétiquement dans cinquante-deux grands rôles.

On la retrouve un moment au Palais-Royal, puis au Vaudeville, où M. Lockroy l'avait appelée, et où il lui donna notamment à jouer le principal rôle dans *le Dernier Amour* de M. Léon Guillard.

La pièce de M. Léon Guillard, vraie comédie de caractère, élevée de style et de pensées, fournit à Mlle Nathalie l'occasion de montrer toute la distinction de son talent. Le soir de la première, un célèbre critique dit en l'entendant : — Nous sommes à la Comédie-Française.

Les membres du comité du Théâtre-Français, devant un succès aussi complet et d'aussi bon aloi, s'empressèrent d'offrir à la jeune artiste un brillant engagement.

Mlle Nathalie se trouva vraiment à sa place dans la maison de Molière. Elle aborda l'ancien répertoire et s'y fit remarquer. Philaminte, Mme Jourdain, Bélise comptent parmi ses meilleurs rôles. Sociétaire depuis le 1er janvier 1852, l'excellente artiste a surtout contribué au succès des pièces nouvelles. *La Camaraderie, Marion Delorme, Une Chaîne, Hernani, Gabrielle, le Joueur de flûte,* Mlle *de la Seiglière, le Fils de Giboyer, Maître Guérin, les Projets de ma Tante, le Duc Job, le Testament de César, Bataille de Dames, Il ne faut jurer de rien, l'Aventurière, le Verre d'eau, Lady Tartuffe, le Péril en la demeure, la Joie fait peur, Par droit de conquête* lui doivent une bonne part de leur réputation.

Le tableau du foyer de la Comédie-Française, en 1864, comprend encore cinq personnages : MM. Monrose, Régnier, Talbot, Provost et Mlle Bonval.

Nous avons déjà dit, à propos du précédent tableau de Geffroy, tout ce que nous pensions de ces grands comédiens qui s'appellent Monrose, Régnier et Provost.

M. Talbot, qui s'appelle Montalant, et qui est le gendre de Geffroy, est entré à la Comédie-Française en 1856, après avoir fait ses preuves à l'Odéon dans plus de soixante rôles. Il avait débuté comme premier rôle tragique; mais il renonça à cet emploi pour prendre celui des financiers, où il réussit pleinement. M. Talbot a remplacé Provost dans l'ancien répertoire ; il excelle à représenter les barbons ridés, courbés, dans le cœur desquels couve encore la passion, que le poëte s'est plu à mettre en scène pour montrer sans doute que le cœur est le même à tous les âges.

Parmi les vieillards de Molière, il en est deux qui sont admirables en tous points, deux vieillards qu'un génie seul pouvait peindre : Arnolphe et Harpagon. Nous avons vu souvent M. Talbot jouer ces rôles et nous l'y avons toujours trouvé excellent.

Le marquis dans *Par droit de conquête*, et *le Bonhomme Jadis* sont aussi deux interprétations que nous nous reprocherions de passer sous silence.

Pour terminer le défilé, voici une piquante soubrette, au nez fin, aux yeux vifs, à la tournure agaçante. Les mains dans les poches de son tablier, elle sourit spirituellement à pleines dents. Méfiez-vous : Dorine est prompte à la riposte ; si vous l'attaquiez, de sa voix franche, sonore, bien timbrée, elle vous accablerait d'un de ces mots à l'emporte-pièce, dont Marivaux et Molière lui ont rempli l'esprit.

Cette soubrette si soubrette, c'est Mlle Clarisse Bonval, que le Théâtre-Français reçut deux fois, la première en 1843, et la seconde en 1847. Cette fois son admission fut définitive et la conduisit cinq ans après au sociétariat.

Avant de quitter le foyer des artistes, nous regardons encore les deux toiles de Geffroy, et nous songeons aux heures rieuses ou émues que nous devons aux grands artistes qui y sont représentés.

En pensant à ces moments délicieux, pendant lesquels ils nous ont tenus sous le charme de leur talent, nous trouvons que les bravos passés sont de minces témoignages de reconnaissance, et nous sentons le besoin de leur dire à tous un bon et franc : Merci.

LE FOYER DES TRAVESTISSEMENTS

Le petit salon, dit des travestissements, parce qu'il est réservé aux comédiens qui ont à changer deux et trois fois de costume pendant un même acte, contient un certain nombre d'œuvres intéressantes. Malheureusement cette pièce est si peu claire, que la plupart des curiosités qu'elle renferme se trouvent dans l'ombre. Le soir, quand les candélabres sont allumés, on y peut admirer un portrait au crayon de Mlle Mars par Girodet ; une magnifique sanguine qui représente Adrienne Lecouvreur et qui a été offerte à la Comédie par M. de Saint-Albin, et un portrait de Talma. Ce portrait au crayon noir porte une inscription indiquant que « Talma, premier pensionnaire du Théâtre-Français, a été dessiné d'après nature, en l'an VIII, par M. Mérimée, professeur de dessin à l'école centrale du Panthéon ».

On peut aussi regarder, mais en passant, un portrait au crayon de Mlle Volnais par E. Bouchardy (1818), et un portrait de Mlle Dupont. Nous ne conseillerons pas aux amateurs de stationner trop longtemps devant un dessin qui représente une accumulation de portraits, un bouquet de figures de comédiens. Au point de vue artistique, cet entassement de têtes est plus que regrettable. Au point de vue de l'histoire du théâtre, cette pitoyable fantaisie de dessinateur a quelque valeur. On y trouvera des indications qui pourront être utiles dans l'avenir.

Arrêtons-nous devant un cadeau royal. C'est une gravure visant particulièrement à l'effet, une gravure pompeuse comme il s'en faisait encore au siècle dernier. Mlle Clairon, portant son costume de Médée, y trône au milieu d'une apothéose magnifique. Elle est encadrée dans un bois sculpté et doré qui a pour attributs une couronne et des branches de laurier d'un travail exquis. Le cadre porte cette inscription : « Donné par le roi à Mlle Clairon. »

Bachaumont a eu connaissance de cette gravure et de cet encadrement. Il en parle en ces termes dans ses Mémoires, à la date du 19 septembre 1764 :

« Tout le monde court après la nouvelle estampe de Mlle Clairon ; elle est gravée, d'après le tableau de M. Van Loo, par MM. Cars et Beauvarlet, graveurs du roi. On sait qu'elle est représentée en Médée. On a saisi, dans le cinquième acte de cette tragédie, l'instant où Médée vient de poignarder ses enfants et s'enfuit dans son char en les montrant à Jason. La gravure de la planche a été payée par le roi, ainsi que la bordure du tableau. Quant au tableau, Mme la princesse de Gallitzin en a fait présent à Mlle Clairon. M. Nougaret a fait les vers suivants pour être mis au bas du portrait :

> Cette actrice immortelle enchaîne tous les cœurs ;
> Ses grâces, ses talents lui gagnent les suffrages
> Du critique sévère et des vrais connaisseurs :
>   Et de nos jours bien des auteurs
> Lui doivent le succès qui suivit leurs ouvrages.

Nous ne quitterons pas Bachaumont sans citer un autre passage de ses Mémoires relatif à Mlle Clairon :

« Il y a quatorze ans, écrit, à la date du 10 février 1765, le chroniqueur du XVIIIe siècle, que M. Garrick, le plus grand acteur du théâtre de Londres, vint passer quelques jours à Paris : il vit jouer Mlle Clairon et reconnut ce qu'elle devait être un jour. Il vient de faire faire un dessin par M. Gravelot, dans lequel Mlle Clairon est représentée avec tous les attributs de la tragédie. Un de ses bras s'appuie sur une pile de livres ; on y lit : Corneille, Racine, Crébillon, Voltaire ; et Melpomène est à côté, qui la couronne. Dans le haut du dessin on lit ces mots :

PROPHÉTIE ACCOMPLIE

et ces quatre vers au bas :

> J'ai prédit que Clairon illustrerait la scène,
> Et mon espoir n'a point été déçu.
> Elle a couronné Melpomène,
> Melpomène lui rend ce qu'elle en a reçu.

« Ces vers sont de M. Garrick.

« Les enthousiastes de Mlle Clairon ont saisi avec avidité cette occasion de la célébrer : on a institué l'ordre du Médaillon, et l'on a frappé des médailles représentant ce portrait, dont ils se sont décorés. »

Moins de deux mois après, Mlle Clairon était conduite au Fort-l'Évêque pour avoir provoqué des désordres à la Comédie, en refusant de jouer avec l'acteur Dubois, compromis par un triste procès.

N'est-ce pas un rapprochement singulier à faire ? A quoi aboutit cette grande faveur politique se manifestant par un cadeau royal, par la création d'un ordre de galants partisans ? — A la prison.

Avant de passer à une autre gravure, n'oublions pas de mentionner que le portrait de Mlle Clairon, par MM. Cars et Beauvarlet, a été donné à la Comédie-Française par M. Régnier.

Nous avons écrit le nom de Garrick quelques lignes plus haut. Le portrait du grand comédien, dans le rôle de Richard III, se trouve dans le foyer des travestissements. C'est une gravure faite à la manière anglaise. Il nous est impossible de regarder cette image sans penser aux honneurs dont l'acteur anglais fut l'objet. Son tombeau est à Westminster parmi ceux des poëtes et des rois. Jamais nous autres Français, qui nous piquons d'aimer les arts, et qui qualifions volontiers les sujets de la reine Victoria de gens matériels et pratiques, nous n'avons témoigné d'une manière aussi haute l'admiration que pouvait nous inspirer un immense talent.

Il y a une foule de petits cadres accrochés au mur du salon que nous visitons : ici, c'est un portrait de Molière gravé par de Mailly ; là, une gravure faite en 1714 par Desplaces, d'après le portrait de Mlle Duclos par Largillière ; ailleurs, deux gravures de Léotard représentant les tableaux bien connus de Watteau, qui ont pour titre : *Comédiens français et comédiens italiens*.

Voici encore deux gravures de Dupuis. La première représente une scène du *Philosophe marié* de Destouches ; elle a été faite d'après un tableau de Lancret. M. Jules Bonnassies croit reconnaître dans les personnages qui sont en scène : Mlle Legrand, Legrand fils, Mlle Dufresne, Quinault-Dufresne, Mlle Labat, Duchemin père, Legrand père.

L'autre gravure, faite aussi d'après un tableau de Lancret, met en scène *le Glorieux*. Les personnages qui y sont figurés seraient : Quinault-Dufresne, Grandval, Mlle Labat, Mlle Quinault la cadette. Nous renvoyons nos lecteurs à l'étude que M. Jules Bonnassies a publiée sur ce sujet. Elle se trouve dans les notes de la réimpression de *la Lettre à milord****, et de *la Lettre du souffleur*[1].

Cinq petits cadres contiennent des gravures coloriées de Fesch datées de 1770. L'œuvre de Fesch est trop connue pour que nous en donnions ici une description minutieuse. Il nous semble suffisant d'indiquer que l'on y trouve des portraits finement exécutés de Lekain, Molé, Préville, de Mlle Dumesnil, etc.

---

[1] Paris, Wilhem, 1871.

Sur la cheminée, un marbre : le buste de l'impératrice Marie-Louise par Bartholdi, d'après celui de Bosio. Les bustes sont, comme les hommes, soumis à des grandeurs et à des décadences. Où vont les bustes des souverains tombés, des majestés déchues? Voici un buste d'impératrice qui dut, au temps de sa gloire, occuper la meilleure place du grand foyer. Il est aujourd'hui perdu dans les ténèbres du petit salon des travestissements.

Nous n'avons compté que quatre tableaux à l'huile dans ce foyer : un portrait de Damas, fait par Pinchon en 1793, et donné à la Comédie par Mme Damas; un Scapin et une scène de Louis XI sans noms d'auteurs, et enfin le carton des *Derniers Moments de Talma* par Robert Fleury. Cette première esquisse d'un grand tableau nous donne les portraits de Jouy, d'Arnault et de Firmin.

LE MUSÉE DES POËTES

LA SALLE DU COMITÉ

L y a à la Comédie-Française une salle spécialement affectée aux séances du comité. C'est là que se tient le tribunal inexorable devant lequel comparaissent les auteurs dramatiques. C'est là que se font les lectures en présence des sociétaires. C'est là que les boules blanches ou noires tombent dans l'urne et décident de l'admission ou du refus des pièces présentées.

La décoration de la salle du comité est grave et a quelque chose d'imposant. L'auteur, qui n'est pas sûr de l'excellence de son œuvre, doit frémir en entrant dans ce sanctuaire. Il doit sentir peser lourdement sur lui les regards narquois des portraits qui couvrent les murs. Il est de fait qu'un coup d'œil du grand Corneille ou de Racine doit furieusement intimider nos auteurs contemporains, et qu'il leur faut du courage pour affronter un comité que Molière, Regnard et Marivaux président du haut de leurs cadres. Pour comble de malheur, Voltaire est là ! Voltaire, laissant errer sur ses lèvres satiriques son sourire acéré comme une épigramme.

Les tableaux, qui ornent la salle du comité, méritent d'être étudiés en détail. On n'a, en effet, placé dans cette pièce que des œuvres choisies parmi toutes les richesses de la Comédie.

Ainsi c'est là que se trouvent les portraits des deux Corneille, Pierre et Thomas, donnés par Caffieri, et d'après lesquels le sculpteur a composé ses admirables bustes.

On conserve dans les archives du Théâtre-Français deux lettres fort curieuses relatives à ce cadeau. La première porte la date du 21 novembre 1777. Elle est ainsi conçue :

« Messieurs et dames,

« M. Godefroy m'a prié de vous remettre le buste en marbre de Pierre Corneille pour s'acquitter de ses abonnements avec la Comédie. L'amitié me fit désirer de faire ce buste, et je m'en suis acquitté avec zèle. Mme la comtesse de Bouville a eu la bonté de me prêter le portrait original de P. Corneille, peint par Charles Lebrun. C'est d'après ce grand peintre et la vie de Corneille par Fontenelle que j'ai tâché de rendre son caractère ferme et vigoureux, cet esprit vaste et éclairé, sa bonhomie et sa simplicité. Je désire d'avoir réussi. Ce double avantage mettra le comble à ma satisfaction.

« On vous a donné, il y a quelques années, messieurs, un portrait peint de P. Corneille, qu'on sait n'être pas le sien. J'ai cru vous obliger en vous présentant une copie fidèle du véritable portrait de ce grand poëte. Votre foyer sera désormais le dépôt des portraits de ceux qui ont illustré la scène ; mais ils ne deviendront intéressants qu'autant qu'ils seront ressemblants. On peut compter sur l'exacte ressemblance de celui-ci que je vous prie d'accepter comme un hommage que je rends au grand Corneille et à vos rares talents.

« J'ai l'honneur d'être...
« CAFFIERI. »

Dans une étude récente sur les portraits de Corneille, M. Édouard Thierry a comparé le portrait fait par Michel Lasne, en 1643, et la copie de Lebrun donnée par Caffieri. Il a fait ressortir les différences de style qui existent entre ces deux toiles. Dans la première, Corneille a l'air simple d'un honnête homme. Son grand front indique une belle intelligence ; le costume, les accessoires, la figure, tout est largement et sévèrement traité, sans aucune prétention à l'effet.

L'impression du portrait de Corneille par Lebrun est tout autre. Si les traits sont restés à peu de chose près les mêmes, on ne peut pas en dire autant de la physionomie. Le front semble illuminé par le génie ; les boucles de cheveux ondoyants lui font comme une auréole. Le sourire est indulgent et paternel. On sent que l'artiste pensait au *Cid* en composant ce portrait du poëte. Le portrait de Thomas Corneille n'est pas moins remarquable au point de vue de l'exécution. C'est une copie de Jean Jouvenet, et c'est aussi à Caffieri que la Comédie en est redevable.

La note que voici en fait foi :

« 3 janvier 1783. — M. Caffieri a l'honneur de vous observer qu'il a fait présent à la Comédie-Française, en 1778, de deux fidèles copies qu'il a fait faire à ses dépens de *Pierre Corneille* peint par Ch. Lebrun, et Thomas Corneille peint par Jean Jouvenet d'après lesdits originaux que possédait Mme la comtesse de Bouville. Les deux dites copies ont coûté à M. Caffieri douze louis.

« M. Caffieri, animé du même zèle d'enrichir la Comédie-Française des portraits de ses illustres auteurs, a donné en 1773 à MM. les comédiens du roi les deux bustes en terre cuite de Philippe Quinault et de Jean de La Fontaine.

« M. Caffieri observe qu'il vend ordinairement chacun de ces bustes en terre cuite vingt-cinq louis. »

Nous n'insisterons pas sur les termes singuliers de cette note qui a tout l'air d'un document présenté à l'appui d'une plainte; nous ne l'avons citée que parce qu'elle contient des renseignements intéressants sur la provenance et sur le prix des deux toiles en question.

Les portraits originaux de Pierre et de Thomas Corneille par

Ch. Lebrun et Jean Jouvenet dont parle Caffieri, appartiennent à M. le comte d'Osmoy, député, qui descend de Mme la comtesse de Bouville, et qui est par conséquent petit-neveu de Corneille. L'intention bien arrêtée de M. d'Osmoy — il nous l'a dit lui-même, — est que ces précieux tableaux ne sortent jamais de sa famille que pour aller enrichir le Musée de la Comédie.

Un des beaux portraits de la salle du comité, c'est celui de Regnard par Largillière. C'est un présent de M. Arsène Houssaye et un souvenir de son passage à la direction du Théâtre-Français.

Regnard, au dire de l'un de ses contemporains « était grand, bien fait et de fort bonne mine ». On le croit sans peine quand on voit l'œuvre de Largillière, si franchement peinte, avec une richesse de tons, une ampleur qui n'appartiennent qu'à ce grand portraitiste. Sa figure, encadrée dans les flots d'une large perruque blonde, est à la fois aventureuse et sympathique. Elle a je ne sais quel mélange d'esprit et de franchise, de douceur et d'audace, qui compose un type séduisant.

Quelle histoire romanesque que celle de Regnard ! Jeune et riche, il se laisse d'abord entraîner par la passion des voyages. L'Italie l'attire. Il veut voir Rome, Gênes, Naples et Venise; mais voilà qu'à Bologne il fait la rencontre d'une femme admirablement belle et dont il devient éperdument amoureux. Adieu les voyages ! au diable l'itinéraire ! Il n'a plus qu'un but : la suivre au bout du monde. Bientôt il apprend que sa belle inconnue s'appelle Elvire, qu'elle est originaire de la Provence et qu'elle est mariée à M. de Prade. Qu'importe ! Les obstacles ne font qu'irriter son amour. M. et Mme de Prade s'embarquent. Il s'embarque avec eux, et trouve moyen, pendant la traversée, de se rapprocher de celle qu'il aime.

Le malheur veut que deux corsaires algériens rencontrent le

navire qui portait la fortune de Regnard. Après trois heures de bataille, le poëte, la belle Provençale et le mari, sont faits prisonniers.

On les conduit à Alger, au marché des esclaves. Regnard est adjugé 1,500 livres à Achmet-Talem, la belle Provençale 1,000 livres à un autre musulman, et le mari à un troisième amateur, on ne sait pas à quel prix. Nous passons sous silence les bonnes fortunes du poëte français près des favorites de son maître, bonnes fortunes qui allaient le faire empaler lorsque, heureusement, il reçut de France 12,000 livres pour payer sa rançon et celle de Mme de Prade. Quant à M. de Prade, le bruit de sa mort s'était répandu sur ces entrefaites.

Les amoureux revinrent en France, la belle veuve pleurant un peu, pour la forme; Regnard plein d'espoir et d'amour. Ils allaient enfin terminer leur roman par le dénoûment le plus légitime, lorsque M. de Prade, parfaitement vivant, eut le mauvais goût de reparaître. La fête, préparée pour le mariage de la jolie veuve, servit à célébrer le retour du mari, et Regnard, désespéré, alla promener sa douleur en Flandre, en Hollande, en Danemark et même en Laponie.

Dans le portrait de Regnard, nous retrouvons parfaitement le héros de cette aventure, le voyageur par amour, l'homme à bonnes fortunes.

« Qui ne se plaît pas avec Regnard n'est point digne d'admirer Molière, » a dit Voltaire, dont le portrait se trouve à quelque distance. Ce n'est pas le Voltaire maladif et mordant des dernières années, c'est Voltaire à vingt-quatre ans. Il sourit. Sans doute, il y a déjà dans son sourire beaucoup d'ironie, mais elle est tempérée par les illusions de la jeunesse et l'espoir de la gloire future. L'homme qui espère est toujours bon.

Ce portrait de Voltaire n'est qu'une copie faite par Mme de

Romance-Romany en 1836; mais cette copie n'est pas sans mérite. Ainsi que l'atteste une inscription placée sur la partie d'ombre du tableau, elle a été faite d'après le tableau original de Largillière, qui est dans la bibliothèque du château de Villette. Ce n'est pas l'œuvre originale du maître, mais il y a un reflet magistral dans la toile de Mme de Romance-Romany.

On reconnaît le pinceau ferme, la touche large, la couleur vigoureuse de Van Loo dans le portrait de Marivaux.

Boilly père est représenté dans cette galerie par plusieurs petits portraits : Pigault-Lebrun, Picard et A. Duval. Voici l'histoire de ces peintures. L'éditeur Barba, désirant publier les œuvres de Pigault-Lebrun, de Picard et d'A. Duval, s'adressa à Boilly pour avoir des portraits gravés de ces trois auteurs. L'artiste alla les voir, fit leurs portraits peints et s'en servit comme documents pour ses gravures. Les miniatures de la Comédie-Française sont les portraits originaux peints à cette occasion. Une adorable miniature de Mlle Mars, dans *la Jeunesse d'Henri IV*, se trouve près de la cheminée. Malheureusement, nous n'avons pu découvrir le nom du peintre qui a fait ce bijou.

On attribue à Gérard un assez bon portrait de Ducis, qui est dans cette salle. Cette toile ne serait pourtant pas l'original du portrait de Ducis par Gérard, mais une copie, ou, pour mieux dire, une répétition de ce portrait faite par Gérard lui-même.

Il convient encore de citer un beau portrait d'Alfred de Musset par Pollet, donné par M. Paul de Musset.

Ne quittons pas les tableaux sans signaler la remarquable composition de Robert Fleury, qui a pour sujet la mort de Talma. Il y a dans cette toile un sentiment de douleur et de calme qui émeut. La figure du mourant, discrètement éclairée, est admirablement belle. C'est ainsi que doivent mourir les hommes qui ont la conscience d'avoir noblement accompli leur mission sur la terre.

Lumineuse, éblouissante, pleine de soleil, de fleurs et de reflets d'étoffes précieuses, une toile de Geffroy, représentant les *Caractères* de la comédie, fait un contraste puissant avec la précédente. O gracieux Valère, comme vous soupirez amoureusement vos distiques dans ce décor bocager ! Aimable Isabelle, comme vous voilà toute confuse et toute heureuse des aveux du bien-aimé ! Quant à vous, Sganarelle, Mascarille, Orgon, Jourdain, Tartuffe et Diafoirus, allez et venez, vivez votre vie. Le bruit que vous faites, les éclats de votre gaieté ou de votre colère ne sont pas assez forts pour troubler cette éternelle idylle de l'amour et de la jeunesse.

La toile la plus intéressante de la salle du comité est un portrait de Molière en forme de médaillon. Il fut acheté en 1875, lors de la vente de la galerie de l'évêque de Winchester. M. Émile Perrin s'en était personnellement rendu acquéreur; mais, comprenant quel intérêt il y avait pour la Comédie à posséder cette admirable image de son fondateur, il céda obligeamment son droit de propriété.

Ce portrait, plus expressif, plus vivant que celui du foyer des artistes, a une rare valeur artistique et historique. Il a été traité avec un art parfait, largement; le ton et la disposition des draperies sont très-heureux et dénotent la main d'un maître. La physionomie très-expressive est bien celle que l'on se plaît à reconnaître à l'auteur du *Misanthrope*. Aucun repeint n'est visible; mais l'aspect de la toile, qui paraît neuve, laisserait supposer que le portrait a été rentoilé il y a peu de temps.

Quel est l'auteur de ce portrait? Selon les uns, c'est Mignard. Selon les autres, Robert Tournières. Cette seconde hypothèse nous paraît la plus admissible. Robert Tournières, qui vivait de 1668 à 1752, sortait de l'école de Boullongue. Il fut reçu à l'Académie, en 1702, comme peintre de portraits et, en 1716, comme peintre d'histoire. Il préférait les petits cadres aux grands. La dimension du portrait de Molière et sa forme de médaillon lui étaient familières.

Un autre portrait de Molière se trouve dans la salle du comité, mais c'est une œuvre moderne; Picot en est l'auteur. C'est dire à la fois que cette pièce du Musée est honorable au point de vue artistique; mais qu'elle doit laisser à désirer comme document. Nous ne croyons guère en effet — et nous avons des raisons pour cela — à l'exactitude des portraits exécutés deux siècles après la mort de l'original.

Je pourrais en dire autant des deux statuettes en bronze de Molière et de Corneille par Mélingue. Ce sont deux œuvres remarquables au point de vue du sentiment. Ce ne sont pas des preuves à invoquer.

Dans un coin de ce salon, quelques tableaux non classés sont placés les uns contre les autres, la face retournée contre le mur. Il y a, à la Bibliothèque nationale, une réserve de livres qu'on appelle l'Enfer. Ces quelques toiles constituent l'enfer du Musée Molière. Ce sont des reproductions de quelques scènes de la comédie italienne très-licencieuses. Nous ne les décrivons pas. Il nous suffit de les avoir comprises dans notre catalogue.

Voici des bustes maintenant : un Beaumarchais par S. Couriger, qui est d'une ressemblance parfaite, et un Carlin Bertinazzi, une des meilleures œuvres de Pajou.

Il y a, dans les Mémoires de Fleury, un chapitre entier consacré à Carlin et où le comédien italien est peint de main de maître, avec ses boutades, ses brusqueries et sa bonté. On sait d'autre part que Bertinazzi servit de type au *Bourru bienfai-*

sant de Goldoni et que Florian écrivit *le bon Père,* d'après nature, en sortant de chez maître Arlequin.

Le buste de Pajou rend avec une étonnante vérité ce caractère complexe. Plus on regarde cette terre cuite merveilleuse, plus on l'aime. Il semble qu'elle vit, qu'elle a de l'esprit et du cœur comme l'original. Jamais physionomie plus mobile et plus fine ne fut mieux rendue. De tous les trésors d'art, que possède la Comédie, ce buste est un des plus précieux. Il a été généreusement donné au Musée par le petit-fils de Bertinazzi.

Enfin, dans une vitrine bien close, sont rangées plusieurs figurines en biscuit de Sèvres, extrêmement rares, qui représentent Molière, Corneille, Racine, Poisson, Préville, Volange, Gresset, La Forest l'aînée, Mlle Dangeville, et Thalie sous les traits de Mlle Contat. Ces statuettes ont été confiées à la Comédie par le maréchal Vaillant. Elles restent la propriété de l'État. Si l'on conserve précieusement ces jolis biscuits, cela va sans dire. On a jugé que le plumeau était trop brutal pour les approcher. Afin d'éviter tout accident, un homme de confiance vient souffler, une fois par an seulement, sur les figurines et fait envoler la poussière de l'année.

GALERIES INTÉRIEURES, ESCALIER, BUREAUX

Le musée de la Comédie-Française est malheureusement, comme le musée d'Amsterdam, beaucoup trop étroit pour les richesses qu'il renferme.

Quand on eut tapissé les murs du foyer des artistes de portraits, rempli le foyer public de bustes, accroché dans le salon des travestissements tout un lot de gravures, on s'est trouvé en présence d'un grand nombre d'œuvres que l'on ne savait où placer. Comme il fallait bien cependant les mettre quelque part, on les a entassées dans les couloirs, dans les bureaux, dans l'escalier. Où que vous alliez maintenant dans l'intérieur du théâtre, vous trouvez partout quelque chose à admirer et à décrire.

GALERIE

ALLANT DU FOYER DES ARTISTES A LA SCÈNE

C'est ainsi que vous rencontrez, en suivant la galerie obscure qui va du foyer des artistes à la scène, une toile de Delacroix. Ne vous extasiez pas à l'énoncé seul du nom de l'artiste. Le portrait de Talma, dans le rôle de Néron, fait peu d'honneur au peintre de Sardanapale, et nous comprenons parfaitement le sentiment de respect humain qui engage MM. les sociétaires à cacher, dans le plus sombre de leurs couloirs, cette erreur d'un grand artiste.

Nous regretterons par exemple que le portrait de Mlle Gaussin, attribué à Nattier, le peintre des grâces, ne puisse être mieux exposé. Un peu de lumière sur ces belles épaules, un peu de soleil ranimerait ce portrait qui se meurt dans l'obscurité. C'est se montrer bien peu galant envers une si jolie femme, que de la priver des admirations que son image ferait naître encore. Mlle Gaussin s'appelait Madeleine; et il lui sera beaucoup pardonné, si l'on en croit ses contemporaines, qui riaient sous leur éventail, quand on prononçait ce vers sur la scène en sa présence :

Je crois que de sa vie elle ne dira non.

Quoi qu'il en soit, Mlle Gaussin créa les grands rôles de Voltaire qui lui écrivit :

> Ce n'est pas moi qu'on applaudit,
> C'est vous qu'on aime et qu'on admire,
> Et vous damnez, charmante Alzire,
> Tous ceux que Guzman convertit.

Nous citerons seulement pour mémoire un beau portrait de Lekain par Le Noir (1769), un portrait de Mme Paradol par Rouillard (1822), un portrait de Mlle Desmares par Santerre, un portrait de Mlle Mante, et un portrait de Mlle Mézerai par J. Ansiaume (1810). Ce dernier était primitivement un portrait en pied ; il a été coupé pour former un médaillon.

Passons aux marbres qui alternent dans cette galerie avec les tableaux.

Voici un buste de Larive exécuté par Houdon en 1784. Le ciseau vivant, élégant, distingué du maître, a bien traduit le masque intéressant du comédien.

Moins heureux que Larive, Mlle Mars a eu pour portraitiste Dantan aîné. C'est d'après un tableau de Geffroy que ce buste a été composé. Sans doute le sculpteur était sous l'influence d'un astre contraire, car il a gâté bien inutilement un beau morceau de marbre. Son œuvre démodée ne nous rappelle nullement Mlle Mars, qui d'ailleurs était morte quand Dantan aîné se mit au travail.

Détail curieux, c'est Mlle Rachel qui a fait don de ce buste à la Comédie-Française.

Le buste de Mlle Rachel, par Dantan aîné (1839), est bien supérieur au précédent, et réhabilite l'artiste compromis par son image de Mlle Mars.

Deux morceaux qui défient la critique, ce sont les bustes de Mlle Clairon et de Mlle Dangeville par J.-B. Lemoyne. Voilà deux œuvres précieuses. La première date de 1761. La seconde, celle qui représente Marie-Anne Botot-Dangeville, a été donnée à la Comédie par Mme Devienne-Gévaudan.

Elle était autrefois placée sur une colonne de marbre cannelé qui portait le nom de la donatrice sur un écusson. L'amour de la symétrie — cette passion bourgeoise — a fait reléguer dans quelque grenier le fût de ce buste, et disparaître le nom de celle qui l'avait gracieusement offert au Théâtre-Français.

Le buste de Provost, fait par Feuchère en 1846, clôt la série.

C'est une œuvre honorable et surtout d'une remarquable exactitude.

GALERIE
ALLANT DU FOYER DES ARTISTES A L'ADMINISTRATION

Cette galerie n'est, à vrai dire, que la continuation de la précédente, qui tourne à angle droit devant la porte du foyer des artistes. Elle se distingue par la même obscurité et le même entassement de richesses.

Nous y avons découvert un portrait de Mlle Mars, copié d'après le tableau de Gérard qui appartient à M. de Mornay, un portrait de Mlle Raucourt copié par Philippes, et un joli portrait de M. Belcourt, jouant de la harpe. Nous avons eu beau examiner à la loupe les ombres de ce portrait, décrocher le cadre, interroger le revers de la toile, nous n'avons pu découvrir le nom du peintre.

Il faut s'attendre, du reste, à ces déconvenues dans le musée de la Comédie. Les tableaux cachés dans l'ombre des couloirs, ne s'éclairant que très-faiblement à l'heure des représentations quand le va-et-vient affairé fait passer devant eux les comédiens pressés par les régisseurs, sont un peu oubliés. Les jeunes sociétaires, qui, par tradition, connaissent les principales toiles de leur foyer, ignorent ces portraits dédaignés. Les anciens sociétaires, déjà retirés du théâtre, ont emporté avec eux la connaissance de détails qui concernent les œuvres et qui pourraient être curieux. Chaque jour augmente ainsi la difficulté de reconstituer les origines du musée.

Ainsi, nous voilà devant un très-beau portrait d'actrice, qui nous paraît une toile de premier ordre, datant du siècle dernier. Nous demandons à tous les échos de qui est cette œuvre et quelle est l'artiste qu'elle représente. Longtemps nos questions restent sans réponse. Enfin, nous avons la bonne fortune de nous adresser à un des plus éminents sociétaires retraités qui nous apprend ceci :

Cette toile a été donnée à la Comédie par Mme Volnys, à qui elle avait été léguée par M. Bouilly. Mme Volnys ignorait le nom de l'actrice dont ce tableau reproduit l'image ; on chercha, à l'aide des documents gravés ou peints que l'on possède, à donner un nom à cette belle comédienne du siècle passé. La première opinion émise voulut reconnaître en elle Adrienne Lecouvreur; mais un examen attentif du tableau fit découvrir, sur l'urne que tient l'actrice, une figure de Voltaire. Les traits tirés, les rides du visage du poëte indiquaient que ce médaillon avait été peint dans les dernières années de la vie de Voltaire. Cela valait une date, et cette date, de beaucoup postérieure à la mort d'Adrienne Lecouvreur, ne permettait plus de voir son image dans le portrait en question. Mais le siége était fait. Une personne influente, qui s'était prononcée en faveur de la première hypothèse, ne voulut pas en avoir le démenti. Pour se donner pleinement raison, elle supprima cet importun de Voltaire qui venait si mal à propos détruire une déduction savante. Un repeint sur l'urne, quelques coups de pinceau sur la figure du malicieux vieillard... et tout fut dit.

On est plus scrupuleux aujourd'hui et plus soucieux de la vérité, c'est pourquoi nous avons tenu à raconter les faits. Il reste à savoir quelle est l'actrice représentée sur cette toile. Des personnes, très-versées dans les questions d'art et de théâtre, estiment que ce pourrait bien être une demoiselle Saint-Val.

Quant au peintre, il reste malheureusement inconnu.

Près de cette toile, dont l'histoire est si originale, se trouve un petit tableau inspiré par *le Mariage forcé*, et fait en collaboration par Mirecourt et Geffroy. C'est Mirecourt qui a peint le paysage, le dessous de bois ; et c'est Geffroy qui y a placé les personnages dans lesquels on reconnaît facilement MM. Provost et Mirecourt, et Mlle Fix.

Quatre bustes seulement décorent la galerie que nous sommes en train de parcourir.

Le premier porte cette mention : Mlle Saint-Val aînée ; et le second, Mlle Saint-Val cadette. Le sculpteur n'a pas signé ces marbres qui sont d'un beau travail.

Dantan jeune a mis sa griffe et la date de 1846 sur le socle du buste de Samson, une œuvre à la fois robuste et fine, devant laquelle on s'arrête volontiers.

CABINET DE L'ADMINISTRATEUR

Le cabinet de M. Émile Perrin est meublé avec une rare élégance.

Tout autour de la pièce s'étendent d'admirables tapisseries mythologiques. Des groupes amoureux s'enlacent à l'ombre des arbres. Derrière eux la plaine immense, l'horizon lointain, le ciel clair. Les tons fondus et diminués des soies et des laines donnent à ces tableaux au point un charme languissant d'une douceur inexprimable, et produisent des effets que le pinceau n'aurait pas cherchés. Dans ce milieu, on pense au cabinet de Molière où l'auteur bilieux d'*Elomire hippocondre* regardait d'un œil jaloux :

> Ces miroirs, ces tableaux, cette tapisserie
> Qui seule épuise l'art de la savonnerie.

Pas de tableaux, naturellement, si ce n'est deux médaillons formant dessus de porte, où Lehman a peint en grisaille Molière et Corneille. La décoration de ce cabinet se complète par deux splendides terres cuites. L'une est un buste de Mlle Clairon ; — auteur inconnu. L'autre est un buste de Lekain, sans signature, que Mme Damas a généreusement offert à la Comédie-Française.

N'oublions pas de mentionner une statuette de Pierre Corneille par Caffieri, donnée au Théâtre-Français par la Société des amis des arts de Seine-et-Oise, et enfin une réduction de la statue de Molière, qui décore la fontaine de la rue de Richelieu.

SECRÉTARIAT GÉNÉRAL

Il y a quelques objets d'art intéressants dans le bureau de M. Verteuil. Citons entre autres un portrait daté de 1765, qui représente Mlle Dubois en costume de Diane.

Fille d'un comédien médiocre, nommé Dubois, expulsé de la Comédie à la suite d'un procès malpropre par un vote des sociétaires, la belle Diane, si l'on en croit Bachaumont, mit en œuvre tous ses charmes auprès de M. le duc de Fronsac, pour obtenir que son père fût réintégré par ordre du roi. Elle réussit. Fronsac céda, et la décision royale, qui rendit à Dubois le rôle de Mauni dans *le Siége de Calais*, donna lieu, de la part de comédiens, à une résistance très-honorable, mais qui fit conduire Mlle Clairon, Brizard et Daubervale au For-l'Évêque, tandis que Molé et Lekain, en fuite, déclaraient, par une lettre rendue publique, que l'honneur ne leur permettait pas de jouer avec un pareil compagnon.

Ce qui est assez curieux, c'est que le portrait de Mlle Dubois est daté de 1765, et que c'est précisément en 1765 que se place l'incident du *Siége de Calais*.

Quand Théophile Gautier allait à la Comédie-Française, il faisait volontiers une visite au secrétariat général pour revoir deux sepias d'un artiste inconnu, provenant d'une vente faite à Naples. Il se promettait chaque fois d'en faire une description. Que ne l'a-t-il faite avec sa plume exquise et sa chaude couleur d'écrivain ! nous aurions été heureux de pouvoir reproduire la page lumineuse et pittoresque que ces œuvres singulières ne pouvaient manquer de lui inspirer.

Une de ces sepias représente un village dans lequel a lieu une cérémonie bouffonne de réception de médecins. L'autre, plus légère, figure une distribution d'indulgences. A en juger par le nombre de coupables mis en scène, et par l'attitude peccante de quelques-uns d'entre eux, l'indulgence plénière vient fort à propos blanchir des âmes qui en ont grand besoin.

Signalons enfin deux bustes en terre cuite de Lekain et de Préville, tous deux très-beaux; un médaillon de Pigault-Lebrun en bronze par David, et une remarquable épreuve du *Pont-Neuf* de Huchtenberg. Cette eau-forte, faite d'après le tableau de Van der Meulen qui est au musée de Grenoble, permet de voir, sur la droite, la salle du Petit-Bourbon, où la Comédie-Française a été installée au xviie siècle.

RÉGIE

Il n'y a rien de bien intéressant à la régie.

Nous ne voyons à citer que trois paysages, dont deux sont signés par Beauvallet, et un portrait de Baptiste à l'aquarelle.

Un grand nombre de gravures et de lithographies complètent la décoration de cette pièce. L'une des plus curieuses est la lithographie que M. Grevedan a faite d'après le portrait de Baptiste aîné par Isabey, avec des retouches d'après nature.

Là se trouvent aussi la gravure du portrait de Damas par Pinchon, un portrait de Joanny par Llanta, un portrait de Grandville par Collin, un portrait de Samson par Léon Noël, et un beau portrait de Charlotte Desmares gravé par Lepicié en 1783.

Nous renonçons à citer toutes les images de médiocre valeur, de Fleury, de Préville, de Baron, de Mme Maillard du Théâtre-des-Arts, de Mme Michu de l'Opéra-Comique, de Talma, de Mlle Mars et même de Molière, qui s'étalent complaisamment sur les murs de la régie.

CABINET DE L'AVERTISSEUR

Ce cabinet n'est guère plus riche que le précédent.

On y voit le buste de Mme Caroline Vanhove, veuve Talma, comtesse de Chalot, sculpté par Jouffroy en 1849. Ce marbre est de ceux qu'on aime à oublier.

A titre de document, nous signalerons une petite statuette en plâtre, qui représente le comédien Monrose, et qui est signée par Gayrard.

ANTICHAMBRE DE LA SALLE DU COMITÉ

Ici les œuvres d'art sont nombreuses. Il y a quelques beaux portraits. Celui de Brizard notamment.

Brizard fut un des meilleurs acteurs tragiques du siècle passé. Pendant les trente années qu'il passa à la Comédie-Française, de 1757 à 1786, il a acquis une réputation considérable. Pour apprécier convenablement son talent, nous n'avons qu'à reproduire les trois vers inscrits dans un cartouche sur le cadre de son portrait :

> Aux yeux d'un peuple qu'il enchante
> Brizard, sous ses traits imposants,
> Rend le malheur auguste et la vertu touchante.

Le portrait de Damas par Pinchon (1812); le portrait de Mlle Fannier par Giraud, et une belle toile de Pérignon font un brillant cortége au portrait de Brizard, dont nous n'avons pu découvrir l'auteur.

Le portrait d'Armand par Robert Lefèvre, portrait qui était primitivement en pied, a été coupé.

Sous un verre, qui le défend mal des injures du temps, un assez beau portrait au pastel de Ducis s'efface de jour en jour. Aujourd'hui c'est une image un peu confuse, mais dans laquelle on distingue encore çà et là des notes accusées, des traits caractéristiques. Que deviendra-t-il dans vingt ans ?

Ce qui ne bougera pas, c'est un portrait d'enfant signé : Rouvière, et daté de 1836. Cette toile est d'une pâte solide et d'un bel effet.

On a conservé — nous ne savons pourquoi — un type d'Italien peint par C. Boulanger en 1830. Certes le nom de l'artiste donne de la valeur à ce tableau ; mais que vient faire ce Pifferaro dans une galerie de célébrités dramatiques ?

Une toile dont la présence est mieux justifiée, c'est un paysage de M. F.-A. Pernot (1856). Le petit village, qui montre, dans un coup de soleil ses maisons riantes, ses moulins joyeux, sa colline verte, a vu naître Jean Racine et s'appelle la Ferté-Milon.

Le peintre a fait don de cette toile à la Comédie-Française en 1857.

Ce n'est pas sortir de l'ordre d'idées dans lequel nous venons d'entrer, que de signaler deux photographies dont l'une représente les maisons de Pierre et de Thomas Corneille à Rouen, rue de la Pie, et l'autre la maison de campagne du Petit-Couronne, où Pierre Corneille a composé une partie de ses œuvres.

ANTICHAMBRE DU CABINET DE L'ADMINISTRATEUR

Nous avons vu déjà deux portraits de Lekain par Le Noir, l'un dans le foyer des artistes, et l'autre dans la galerie qui conduit du foyer à la scène. Lekain nous apparaît une troisième fois, non moins superbe, non moins chamarré, non moins éblouissant. Il a sur le front le turban et l'aigrette, et sur les épaules la robe orientale à grands ramages. Une inscription placée sur le cadre nous apprend que le grand comédien portait ce costume caractéristique quand il jouait Djenguyz-Kan (*sic*). Nous regrettons de ne pouvoir citer le nom de l'artiste qui a fait ce beau portrait au pastel admirablement conservé.

A côté de cette œuvre d'un portraitiste du siècle dernier, nous saluons deux bons portraits dus au pinceau de M. Riesener. L'un d'eux représente Thénard aîné et l'autre Grandville.

Non loin de là se trouve un tableau popularisé par la gravure, et connu sous le titre des *Débuts de Talma*. Cette toile représente Ducis et Talma causant dans le foyer des artistes de la Comédie-Française. Elle a pour auteur Ducis le peintre, qui était le neveu du poëte Ducis et le beau-frère de Talma. Il est donc permis de croire que la ressemblance des personnages mis en scène est parfaite.

Une tombe crevassée, envahie par les ronces, dévorée par la mousse, dans un vieux cimetière abandonné aux végétations de hasard, voilà le sujet du tableau suivant qui est de M. Auguste Régnier. On se surprend à rêver longuement devant cette toile quand on sait, comme nous, que la pauvre tombe ainsi représentée était celle de Molière, dans le cimetière Saint-Joseph en 1732.

Nous n'avons pas besoin de rappeler que les restes de Molière ont été transportés depuis au cimetière du Père-Lachaise.

Une des meilleures toiles du Musée de la Comédie-Française est celle devant laquelle nous nous arrêtons maintenant. Qu'on imagine un cadre de dimension moyenne, au fond duquel sourit à pleines lèvres une figure d'acteur comique. Bien servi par la nature, le comédien représenté sur ce tableau a la laideur spirituelle qui convient à son emploi, le masque large où les impressions se manifestent grandement, puissamment; où le rire se fend d'une oreille à l'autre; où les yeux, pétillants, se font plus petits pour être plus acérés. La physionomie est si vivante, l'expression si naturelle, qu'en regardant ce portrait on se sent presque gagné par une contagion de gaieté, comme si l'on avait entendu le mot drôle, la réflexion originale que l'acteur vient de dire. Et, pour que rien ne manque à cette œuvre originale, ces deux vers narquois sont inscrits sur le fond du portrait :

> Tel quy rit voyant mon tableau
> N'est ny plus sage ny plus beau.

Nous avons retourné dans tous les sens cette toile si intéressante sans pouvoir découvrir la moindre initiale, le plus petit signe qui pût nous aider à découvrir le nom du peintre qui l'a exécutée. Nous en sommes réduit à faire des suppositions. A qui faut-il attribuer ce portrait qui paraît dater du milieu du xviiie siècle ? La pâte semble appartenir à un élève de Largillière, le ton à un Van Loo. S'il faut absolument désigner un portraitiste, nous n'avons qu'une réponse à faire : — le meilleur de son temps.

Cette salle renferme deux beaux bustes :
Le buste de Denis Diderot fait par Joseph Lescorné en 1853, et offert par le sculpteur à la Comédie-Française; et le buste de Coysevox par lui-même.

Il n'y a pas bien longtemps qu'on a découvert que ce buste représentait Coysevox. Jusqu'alors on l'avait pris pour un portrait de Lulli. Voici comment cette erreur s'était accréditée :

En 1816, M. Dubief possédait un fort beau portrait en marbre signé de Coysevox qui se trouvait — quand il en devint propriétaire — posé sur un fût de colonne sur lequel on avait gravé le nom de Lulli. M. Dubief accepta sans contrôle cette indication, et dans une lettre du 15 mai 1816, conservée aux archives, offrit à la Comédie son fameux buste de Lulli par Coysevox.

Le 18 juillet suivant, on lui répondit que la Comédie acceptait son offre et qu'elle le priait, en échange, d'accepter ses entrées au théâtre du 1er août 1816 au 1er août 1820.

Le buste et son socle furent placés dans le Musée, et il ne vint à l'esprit de personne de penser que M. Dubief avait pu se tromper ou être trompé lui-même. On crut ainsi, pendant bien longtemps, posséder un portrait de Lulli, du contemporain et du collaborateur de Molière.

Un beau jour cependant, un sociétaire, voulant confronter un portrait gravé de Lulli qu'il possédait avec le buste signé Coysevox, s'aperçut qu'il était matériellement impossible que ces deux images représentassent le même homme. Cela donna l'éveil. Les sociétaires érudits et amateurs se mirent à faire des recherches et découvrirent enfin que leur Lulli était un Coysevox sculpté par lui-même.

CABINET DE L'HUISSIER DE L'ADMINISTRATEUR

On a relégué dans cette salle un certain nombre d'œuvres qui ne rentrent pas dans le cadre spécial du Musée de la Comédie. Ainsi nous y voyons un petit paysage, fait par M. Coignet, dans les environs de Palerme, à Bago; une négresse et deux enfants, de Théophile Fragonard, don de M. le baron Taylor; un paysage de Mirecourt; une vue de Charonne, par Justin Ouvré; un groupe d'Arabes, de E. Lessore; des aquarelles et des dessins de A. et Tony Johannot, Eugène Lamy, Desenne, etc.

Nous n'avons pas à nous préoccuper de la valeur de ces œuvres. Ce que nous recherchons en ce moment, ce sont des documents pour l'histoire du Théâtre.

A ce titre, nous devons une mention particulière au portrait de Baptiste aîné par Isabey. Ce n'est qu'un crayon, mais un crayon magistral.

Le portrait d'Hoffmann par L. Boilly nous intéresse aussi, et nous amène à regretter que le Musée de la Comédie ne possède que ce seul portrait de critique dramatique.

ESCALIER DES ARTISTES

Nous arrivons à la grande réserve du Musée de la Comédie. L'escalier des artistes est peuplé du haut en bas de figures sombres ou gaies, avenantes ou farouches, aimables ou moqueuses. Les Mascarille, les Scapin, les Athalie, les Colette et les Célimène semblent faire la haie sur notre passage.

Puisque les voilà si pittoresquement rangés, passons les tous et toutes en revue.

Voici d'abord un gracieux portrait au pastel de Mlle Dangeville, qui vient d'être restauré et qui paraît aussi frais, aussi pimpant, aussi velouté qu'au premier jour. Pas d'indication sur le cadre; mais ces quelques lignes écrites à la main sur le revers du tableau :

« Mlle Dangeville dans le rôle de Colette des *Trois Cousines* par Vigée, de l'académie de Saint-Luc, père de Mme Vigée-Lebrun. »

Nous voilà renseignés, passons outre.

Notre attention est éveillée par deux figures de femmes peintes côte à côte sur une même toile. Ce tableau, à en juger d'après la facture et l'intensité d'ombre prise par les bitumes, appartient à l'école du xviie siècle. Reste à savoir quelles sont les deux actrices qui se sont fait représenter ensemble, comme deux intimes amies. Jusqu'ici on avait cru reconnaître en elles Mmes Dennebant (1680-1685) et Champmeslé (1679-1698). Si cette hypothèse était juste, ce double portrait n'aurait pu être fait que de 1680 à 1685, c'est-à-dire pendant le temps où les comédiennes se sont trouvées ensemble au Théâtre-Français.

Mais est-elle juste?

M. Georges Mondain-Monval, l'obligeant archiviste de la

Comédie, a bien voulu nous communiquer une lettre de Planat, relative à cette toile intéressante. Voici ce document :

« Paris, 26 novembre 1838.

« Monsieur,

« Ainsi que je vous l'ai promis hier au soir, je vous envoie le portrait de la Champmêlé peint par François de Troy, père de Jean-François de Troy qui a fait le portrait de Baron que possède la Comédie-Française. M. le chevalier de Langeac a possédé un autre portrait de cette actrice par le même peintre et dont la tête et le buste étaient parfaitement semblables à la tête et au buste de celui-ci ; mais la Champmêlé était seule, tandis qu'ici elle est groupée avec une autre femme. M. de Langeac pensait que son tableau était antérieur de quelques années à celui que je vous offre et présumait que le portrait de profil que de Troy avait ajouté pourrait bien être celui de Mlle Desmares, nièce de Mme Champmêlé. Son opinion n'était fondée que sur la ressemblance qu'il croyait trouver entre ce profil et les autres portraits connus, peints ou gravés, de cette Mlle Desmares : au reste, Monsieur, vous avez dans votre foyer un portrait de cette dernière actrice, et vous pourrez facilement éclaircir cette question. Si ce n'est pas Mlle Desmares, ce ne peut être assurément que quelque comédienne distinguée de ce temps-là ; mais je vous garantis que ce n'est point la d'Ennebaut, comme quelques personnes l'ont présumé. Je pencherais plutôt pour Mlle Duparc.

« Le portrait que possédait M. de Langeac, celui-ci et la miniature du cabinet de feu Lamessengère, sont les trois seuls originaux que j'aie connus de Mme Champmêlé ; et je crois fort qu'il n'existe d'elle aucune gravure ancienne d'aucune sorte ; toutes mes recherches, soit à la Bibliothèque royale, soit dans les cabinets des plus passionnés amateurs de portraits, ont été infructueuses à cet égard. Voilà, Monsieur, ce qui me fait présumer d'avoir trouvé une heureuse occasion d'être agréable à la Comédie-Française, en lui procurant la facilité d'acquérir un tableau bien rare et surtout un portrait intéressant pour elle.

« J'ai l'honneur, etc., etc. « PLANAT,
« *Rue Grenelle-Saint-Honoré, 14.* »

P.-S. — La signature du peintre se trouve au bas du manteau de la Champmêlé sur la broderie.

Après avoir pris connaissance de cette lettre, nous n'avions plus qu'à comparer ce tableau avec le portrait de Mlle Desmares. Cet examen nous a fait adopter l'avis de Planat. Nous sommes bien en présence de la Champmélé et de sa nièce, et le double portrait de François de Troy mériterait, par son intérêt historique et artistique, une place meilleure que celle qui lui a été assignée dans le musée.

Le classement fantaisiste qui a présidé à la distribution des tableaux sur les murs de l'escalier des artistes amène des rencontres imprévues. C'est ainsi que Joanny coudoie la belle Champmeslé, tandis qu'un portrait de Michot par Mme F. O'Connell (1853) se trouve voisin de Mlle Catherine de Seyne par M. Faustin-Besson (1859).

Mlle de Seyne a eu le bonheur d'avoir son portrait fait par Chaplin, en 1853. Moins rose que les figures de fantaisie si chères à cet artiste, le portrait de Mlle de Seyne est une toile remarquable : ce qu'il perd en excès de grâce, il le gagne en fermeté et en sincérité.

Muller, dont le talent est bien connu, a fait une belle copie de Grandval dans son parc d'après Lancret.

C'est pendant la direction de M. Arsène Houssaye qu'ont été faits tous les tableaux signés par MM. Chaplin, Muller, Faustin-Besson et par Mme F. O'Connell. Ces artistes, embrassant chaleureusement le projet de M. Houssaye, partageant aussi son amour pour le xvIII^e siècle, ont tenté, à l'aide de gravures et de documents iconographiques, de représenter quelques acteurs et actrices célèbres dont le Musée de la Comédie ne possédait pas d'images. Ainsi furent faits les portraits de Mmes de Seyne et Devienne, et de Grandval. Mme Favart ne pouvait manquer de tenter le pinceau d'un de ces portraitistes. M. Faustin-Besson se chargea de la représenter. Il le fit, en effet, et avec un certain bonheur de pinceau.

Ajoutons que la plupart de ces artistes firent don de leurs œuvres à la Comédie.

Parmi les cadeaux artistiques que le Théâtre-Français a reçus, nous devons citer un portrait de Diderot au pastel qui a été gracieusement offert par M. Opigez.

Mme de Romance-Romany, qui a déjà deux tableaux dans le foyer des artistes, et un tableau dans la salle du comité, peut compter trois autres toiles signées de son nom dans l'escalier que nous visitons. Six tableaux de la même main, cela nous donne à réfléchir, et la conclusion de nos réflexions est que Mme de Romance-Romany a dû probablement se montrer très-généreuse envers le Théâtre-Français. Cette conclusion nous est d'autant plus agréable qu'elle nous permettra de ne pas nous montrer trop sévère pour ses œuvres. Nous ne dirons donc rien de la copie qu'elle a faite du portrait de Mlle Bourgoin par Sicardi, ni de son portrait de Mlle Raucourt, dans le rôle d'Agrippine, qui sont des toiles ordinaires, et nous nous arrêterons plus longuement devant son portrait de Mme Thénard.

Mme Thénard, empanachée de plumes et terrible sous un galant échafaudage de cheveux, semble jeter à un Oreste invisible un regard de haine et de mépris.

— Tais-toi, perfide!

Ces trois mots, inscrits sur un cartouche, avec la mention : *Andromaque*, rôle d'Hermione, acte V, scène 3e, — justifient l'air très-courroucé de la tragédienne.

Ce portrait est fort intéressant. Il a été habilement copié d'après un portrait original qui appartient encore à la fille de Mme Thénard.

Voici venir des noms de peintres célèbres. C'est d'abord celui de M. Jules Lefebvre qui a peint en 1856 un très-beau portrait de femme. Le talent du jeune maître, sa manière personnelle, se retrouvent dans cette œuvre intéressante.

Puis vient M. J.-L. Gérôme, auteur d'un portrait en pied de Rachel.

La grande tragédienne est enveloppée dans un costume antique : tunique longue et serrée au corps, peplum couvrant la gorge de mille plis. Rachel se tient debout, grande comme une apparition de Romaine, ayant près d'elle une colonne de marbre sur laquelle sont inscrits ses meilleurs rôles. On peut reprocher à cette peinture d'être trop faite. Le fini excessif donne un peu de raideur et de froideur à l'image de celle dont le talent fut si profondément passionné. Le parti pris de la ligne y triomphe exclusivement.

Il est intéressant de comparer ce portrait de Rachel, par Gérôme, avec le portrait de Rachel, par Dubufe, qui se trouve dans le foyer des artistes.

Puisque le nom de l'illustre tragédienne est revenu sous notre plume, profitons de l'occasion pour y joindre un chiffre qui a son éloquence et qui est comme la consécration mathématique de son talent.

Lors de la vente de la bibliothèque de Jules Janin, en février 1877, il se trouva parmi les livres du critique un petit manuscrit donnant jour par jour les ouvrages représentés à la Comédie-Française avec le concours de Mlle Rachel, le chiffre des recettes journalières et le total. Ce total s'élève à 4,394,231 fr. 10 cent. Nous le citons à titre de simple curiosité.

Après Rachel, voici un portrait de Talma par Lagrenée fils; puis, un portrait de Lekain par P. Le Noir — c'est au moins le quatrième portrait de Lekain par Le Noir que nous enregistrons, — et enfin un portrait de Voltaire peint par Pajou en 1811. Ce Pajou était le fils du fameux sculpteur.

Il ne nous reste plus à signaler que deux Crispin très-réussis, mais dont nous ignorons l'auteur, et un paysage de Maraudon de Montyel (1842) représentant la forêt où le Médecin malgré lui lie ses fagots. Les figures qui sont dans ce tableau ont été faites par Horace Vernet.

Pour finir la série des portraits, saluons, dans un costume avantageux qui découvre les bras les plus beaux et les plus belles épaules du monde, la célèbre Mlle Lange, dont le portrait a été offert à la Comédie-Française par Mlle Fitz-James.

Parmi les bustes qui garnissent les enfoncements des paliers, quelques-uns sont tout à fait remarquables. Celui de Casimir Delavigne, en bronze, par P.-J. David d'Angers, est peut-être un des plus intéressants par sa facture et son modelé. Le buste en marbre de Mlle Mars, sculpté en 1825 par le même artiste, est non moins curieux.

Mais nous préférons encore à ces deux œuvres, qui sont pourtant d'un maître, deux bustes en terre cuite et un médaillon en marbre que nous allons décrire.

Le médaillon, qui mesure un mètre cinquante de hauteur, est un portrait en relief de Regnard, d'une exécution tout à fait remarquable. Il dénote de la part de son auteur, resté inconnu, un art personnel et original, un ciseau sûr et puissant, un goût pur. La perruque est disposée et fouillée très-heureusement. Le profil s'accuse avec des valeurs nettes et un modelé rare.

Ce médaillon magnifique a été donné à la Comédie par M. Papillon de la Ferté.

Quant aux deux bustes en terre cuite, ce sont des vétérans du Musée. Ils sont arrivés, les seconds, dans la galerie de la Comédie, apportés par Caffieri en 1773. L'un représente La Fontaine;

l'autre, Philippe Quinault. On a pu les voir et les admirer à l'exposition organisée au Palais-Bourbon en faveur des Alsaciens-Lorrains. On les retrouvera dans toutes les grandes expositions artistiques auxquelles la Comédie prêtera son concours, car ce sont des œuvres de premier ordre.

LOGE DU CHEF DE L'ÉTAT

Pour ne rien oublier de ce qui peut offrir un intérêt artistique dans la partie du Théâtre inaccessible au public, nous devons faire encore deux visites, l'une à la loge du chef de l'État, l'autre à la loge du directeur de la Comédie-Française.

La loge du chef de l'État est décorée comme toutes les loges, avec la tenture rouge, aussi banale qu'officielle; mais elle est suivie d'un tout petit salon, où nous voyons, sur des murs blancs à filets d'or, se détacher trois médaillons.

Le premier est un portrait-médaillon de Molière peint par Hofer en 1852. Au-dessous de cette image, on a placé l'inscription suivante :

« *Molière, 24 octobre 1658.*
Fondation de la Comédie-Française. »

A côté de cette toile se trouve un autre médaillon, de même grandeur, qui représente Louis XIV et qui porte, avec l'indication du nom du grand Roi, cette date historique :

« *22 août 1680.*
Constitution de la Comédie-Française. »

Enfin, un troisième médaillon nous montre encore le Roi Soleil peint vers l'âge de trente ans.

Pas de nom d'auteur pour ces deux toiles.

LOGE DU DIRECTEUR

C'est M. Arsène Houssaye qui eut, en 1852, l'idée de faire décorer la loge directoriale, et nous l'en félicitons. Il est bon qu'à la Comédie-Française l'art domine partout.

La décoration de la loge a, du reste, été faite à l'italienne, c'est-à-dire un peu hâtivement. Sur les panneaux blancs et or, un artiste de valeur, M. Faustin-Besson, a brossé quelques scènes aimables, jeté quelques ébauches faites plutôt en vue d'égayer le regard que de forcer l'admiration. C'est du décor, si l'on veut, mais du décor qui a le charme puissant de l'esquisse. Le peintre a voulu semer des idées sur les panneaux vides. Il n'a pas eu la prétention de faire des tableaux.

Sur les sept panneaux remplis, l'un par un simple cartouche décoratif, l'autre par une bergère Watteau, un troisième par un vol d'amours, il en est deux qui nous plaisent surtout autant par leur composition que par leur couleur.

Le premier représente un couronnement de Molière — sujet obligatoire en pareil lieu.

Le second, plus fantaisiste, nous montre des comédiens et des comédiennes en habit de gala, descendant un escalier monumental. Les roses grimpantes s'efforcent de dépasser les balustres de la rampe. Les traînes de satin s'étalent coquettement sur les marches de marbre blanc. Il y a comme une musique dans l'air, une douce musique d'étoffes murmurantes, de paroles cavalières, de jeunesse triomphante.

Faustin-Besson a signé ces panneaux. Ils sont donc de lui; mais l'auteur de la *Galerie du XVIIIe siècle*, Arsène Houssaye, doit y avoir collaboré.

LES ARCHIVES

ANS aucun pays du monde on ne trouvera une collection de documents sur l'art dramatique plus complète, plus précieuse, plus variée, que celle de la Comédie-Française.

Tout ce qui peut intéresser l'histoire du théâtre : représentations quotidiennes ordinaires et extraordinaires, recettes de chaque jour, partage des bénéfices, incidents, déplacements, fusions de troupes, rivalités d'artistes, a été noté avec un soin scrupuleux depuis 1659 jusqu'à nos jours. La Grange a commencé ce gigantesque travail, qui a été poursuivi par La Thorillière et ses successeurs. Aux indications primitives on a ajouté, depuis, la distribution des rôles, les répétitions, les séances des comités, les décisions de l'administration. Désire-t-on d'autres renseignements ? Il suffit de fouiller dans les cartons qui contiennent les manuscrits des pièces représentées depuis le dix-huitième siècle, les correspondances entre la Comédie et les auteurs, la presse, les ministres et les personnages, les procès-verbaux des comités, les affiches, les gravures de modes, les modèles d'ameublement, les mises en scène, les maquettes des décors.

Nous n'avons pas la prétention de compulser tous ces manuscrits; nous allons seulement feuilleter au hasard quelques-uns des documents les plus rares et les plus intéressants.

Commençons par le registre original de La Grange, le contemporain et l'ami de Molière. Sur sa couverture de parchemin jauni, le secrétaire de la compagnie a écrit ce titre : *Extrait des receptes et des affaires de la Comédie depuis Pasques de l'année 1659, appartenant au sieur de La Grange, l'un des comédiens du Roy*.

La Grange a noté sur son journal tout ce qui concernait la Comédie, depuis les faits les plus importants jusqu'aux plus petits détails, depuis les cadeaux du roi jusqu'aux comptes des moucheurs de chandelles. Son manuscrit va jusqu'en 1685. De 1659 à 1673, il constitue la seule base sérieuse sur laquelle on puisse s'appuyer pour écrire la biographie de Molière et pour suivre la fortune du Théâtre-Français à cette belle époque de son histoire. A partir de 1673 seulement, il peut être contrôlé et complété par le registre de La Thorillière.

Pendant longtemps l'administration de la Comédie a cru devoir refuser la communication de ces documents. Heureusement, une pratique plus libérale a prévalu depuis. Non-seulement des érudits ont obtenu l'autorisation de consulter le registre de La Grange ; mais, en 1876, M. Émile Perrin a autorisé M. Édouard Thierry à le publier *in extenso*. M. Édouard Thierry, plus que personnne capable d'entreprendre et de mener à bonne fin ce travail d'artiste et d'érudit, a écrit une préface considérable, qui commente dans tous ses détails le journal du comédien.

Jusqu'en 1680, les registres tenus par les semainiers et les régisseurs de la Comédie sont reliés en parchemin ; de 1680 à 1793, ils ont une couverture verte. Enfin, depuis le mois de mai 1799, ils sont rouges. Le registre de 1688 commence par ces mots :

« *Au nom de Dieu et de la Sainte-Vierge...* »

Abandonnons maintenant les livres pour les cartons. On évalue à plus de cent mille le nombre des autographes d'acteurs, d'auteurs et de personnages conservés au Théâtre-Français. M. Léon Guillard, l'excellent archiviste de la Comédie, découvrait chaque jour, parmi les liasses de papiers dédaignées précédemment, des pièces importantes. M. Georges Mondain-Monval en trouve d'autres aujourd'hui et les sauve de l'oubli. Il n'y a pas encore bien longtemps qu'on a mis en lumière celles que nous transcrivons ici :

« Nous remettons à la Compagnie nos intérêts et tout le ressentiment que nous pouvons avoir lun contre lautre, au sujet du démeslé arrivé entre nous dans Lassemblée de ce matin, et promettons d'exécuter ce que la Compagnie trouvera à propos pour nous accomoder et entretenir paix et amitié antre nous.

« Fait ce 26e jour de décembre mil six cent quatre-vingt-dix.

« Poisson.   Raisin.

« La Compagnie, après avoir examiné toutes les circonstances du démeslé arrivé ce matin dans l'assemblée entre M. Raisin et M. Poisson, a jugé à propos de le terminer comme il suit : c'est assavoir que ces deux messieurs seront amenez dans la grande salle dassemblée chacun par une porte différente ou estant en présence L'un de L'autre, Monsieur de La Grange leur prononcera ces parolles en présence de la compagnie : Messieurs, nous avons examiné tout ce qui s'est dit et passé dans vostre démeslé jusques aux moindres circonstances. Nous avons jugé à propos de n'en point rappeler icy le détail, persuadés que nous sommes qu'il est plus avantageux pour l'un et lautre d'ensevelir de pareils démeslés dans un oubly perpétuel. Vous avez remis vos intérêts entre nos mains. Nous vous disons comm' arbitres d'oublier pour toujours tout ce qui s'est passé, et nous vous prions comme camarades de vous rendre réciproquement votre estime, vous assurant que la compagnie gardera le souvenir de la déférence que vous avez eue pour Elle. Il ne nous reste plus, messieurs, qu'à vous dire en arbitres de vous embrasser en notre présence pour confirmer l'accomodement.

« De la Grange, Le Comte, Delathorillière, Guérin-Champmeslé, De Rosélis, Beauval, Desmare, Du Périer. »

Ce respect de Poisson et de Raisin pour la compagnie et cette décision des arbitres, si pleine de dignité et de camaraderie, font le plus grand honneur à la Comédie. Pourquoi n'en a-t-il pas toujours été ainsi ? Pourquoi les démêlés n'ont-ils pas toujours été soumis à un tribunal d'honneur ? On aurait évité ainsi les scènes regrettables auxquelles ont donné lieu les rivalités de Molé et de Préville, de Dugazon et de Dazincourt, de Lafond et de Talma, de Mlles Clairon et Dumesnil, Georges et Duchesnois, Sainval et Raucourt, Aubert et Adrienne Lecouvreur.

Les autographes relatifs à ces luttes intestines abondent dans les archives. Ne tirons pas de l'oubli ces mauvais souvenirs. Nous aimons mieux copier une délibération prise le 22 août 1791 :

« La Comédie-Française assemblée, instruite par M. Collin d'Harleville qu'il existe dans la maison qu'il habite une petite fille de Pierre Corneille, dont la fortune est excessivement médiocre, a arrêté, à la majorité des voix, de supplier ladite Jeanne-Marie Corneille, descendante de cet illustre auteur, d'accepter de la société des comédiens françois ordinaires du roi une pension viagère de trois cents livres, comme un faible hommage de reconnaissance et de respect rendu à la mémoire de ce grand homme.

« Molé, Fleury, Contat, Lachassaigne, Devienne, Masson, Dunant, Raucourt, Florence, Dazincourt, Moly, Larochelle, Petit. »

Le hasard nous fait rencontrer une lettre, datée de 1730 et adressée par le bâtonnier de l'ordre des avocats aux comédiens ordinaires du roi. Ne croyez pas qu'il s'agisse de quelque procès entre le théâtre et le barreau. Bien au contraire. Les comédiens, craignant de déplaire à l'ordre des avocats en reprenant *Maître Patelin*, avaient préalablement pris l'avis du conseil.

Voici ce qui leur fut répondu :

« Messieurs,

« J'ai communiqué au conseil de l'ordre des avocats la lettre que vous m'avez fait l'honneur de m'adresser.

« Le conseil, tout en vous remerciant de la délicate démarche que vous avez bien voulu faire, me charge de vous assurer que l'ordre tout entier verra sans déplaisir la reprise de la comédie de l'avocat Patelin.

« L'essence de la comédie, comme les Grecs et les Romains l'entendaient du moins, est de corriger les mœurs publiques et de châtier les méchantes actions. La pièce que vous prétendez remettre au répertoire est bien capable d'atteindre ce double but.

« Je profite personnellement, messieurs, de cette occasion pour vous assurer de toute la sincérité de mes salutations.

« *Le bâtonnier*,
« Ploust-Angrand. »

La Comédie possède la plupart des papiers de Beaumarchais, achetés à Londres, il y a environ vingt ans. Les manuscrits du *Barbier de Séville* et du *Mariage de Figaro*, et la correspondance de Beaumarchais avec les comédiens se trouvent aussi aux archives. Ces documents ont été utilisés par M. F. de Marescot pour son excellente édition de Beaumarchais.

C'est à Beaumarchais, ne l'oublions pas, que les auteurs dramatiques doivent de bénéficier de la propriété de leurs œuvres. C'est lui qui, le premier, a osé attaquer le privilège des théâtres, qui devenaient maîtres des pièces tombées *dans les règles*, c'est-à-dire dont la recette était descendue au-dessous d'un minimum établi.

Au moment où Beaumarchais réclamait le compte de ce qui

lui était dû, après trente-deux représentations du *Barbier de Séville*, il eut avec l'un des comédiens la conversation suivante, qui donnera une idée des habitudes d'alors.

« L'un d'eux me demanda, dit Beaumarchais, si mon intention était de donner ma pièce à la Comédie ou d'en exiger le droit d'auteur. Je répondis en riant comme Sganarelle : — Je la donnerai si je veux la donner, et je ne la donnerai pas si je ne veux pas la donner. — Un des premiers acteurs insiste et me dit : — Si vous ne la donnez pas, monsieur, au moins dites-nous combien de fois vous désirez qu'on la joue à votre profit, après quoi elle nous appartiendra. — Quelle nécessité, messieurs, qu'elle vous appartienne ? — Beaucoup de messieurs les auteurs font cet arrangement avec nous. Ils s'en trouvent très-bien, car s'ils ne partagent plus dans le produit de leur ouvrage, au moins ont-ils le plaisir de le voir représenter plus souvent. La Comédie répond toujours aux procédés qu'on a pour elle. »

On comprend qu'ayant à subir de pareils procédés, sinon de plus détestables, Corneille ait pu dire : « Je suis saoûl de gloire et affamé d'argent. »

Aujourd'hui Corneille serait millionnaire.

Une des lettres les plus curieuses de Beaumarchais aux comédiens contient ce passage :

« ... Il a été réglé entre nous que l'on retirerait *le Mariage de Figaro* lorsqu'il tomberait à mille écus. J'apprends qu'il est tombé, vendredi, à beaucoup moins. Quelle qu'en soit la raison, je vous supplie de vouloir bien fermer notre boutique..... Quand une pièce devient un bouche-trou, le public cesse d'en faire cas. »

Cette lettre fut écrite en 1785.

Laissons maintenant les papiers de Beaumarchais et cherchons dans les cartons de 1789.

Pendant le mois de décembre de cette année, une grande question fut discutée à l'Assemblée nationale : la question de savoir si les comédiens seraient admis, comme tous les autres citoyens, à faire partie de la grande famille française, en bénéficiant des avantages civils et politiques attachés à cette qualité.

Mirabeau, Rœderer, le comte de Clermont-Tonnerre prirent en main les intérêts des artistes, trop longtemps tenus en dehors de la loi. Mais ils rencontrèrent une opposition sérieuse. C'est alors que la Comédie adressa au président de l'Assemblée la lettre suivante :

« *A M. le président Desmeuniers.*

« Monseigneur, « Paris, ce 24 décembre 1789.

« Les comédiens ordinaires du Roi, occupant le théâtre de la Nation, organes et dépositaires des chefs-d'œuvre dramatiques qui sont l'ornement et l'honneur de la scène française, osent vous supplier de vouloir bien calmer leurs inquiétudes.

« Instruits par la voix publique qu'il a été élevé, par quelques opinions prononcées dans l'Assemblée nationale, des doutes sur la légitimité de leur état, ils vous supplient, monseigneur, de vouloir bien les instruire si l'Assemblée a décrété quelque chose sur cet objet, et si elle a déclaré leur état incompatible avec l'admission aux emplois et à la participation aux droits de citoyen. Des hommes honnêtes peuvent braver un préjugé que la loi désavoue ; mais personne ne peut braver un décret ni même le silence de l'Assemblée nationale sur son état.

« Les comédiens français, dont vous avez daigné agréer l'hommage et le don patriotique, vous réitèrent, monseigneur, et à l'auguste Assemblée, le vœu le plus formel de n'employer leurs talents que d'une manière digne de citoyens français, et ils s'estimeraient heureux si la législation, réformant les abus qui peuvent s'être glissés sur le théâtre, daignait se saisir d'un instrument d'influence sur les mœurs et sur l'opinion publique.

« Nous sommes, etc.
» *Les Comédiens ordinaires du roi,*
« DAZINCOURT, secrétaire. »

Le croirait-on, cette lettre faisant appel à un sentiment de justice, cette lettre si noble et si digne, fournit à l'abbé Maury l'occasion de dire : « Il est *de la dernière indécence* que des comédiens se donnent la licence d'ouvrir une correspondance directe avec l'Assemblée. » Cette sortie inqualifiable lui valut un rappel à l'ordre formel et bien mérité.

Le lendemain, l'Assemblée décréta : « Il ne pourra être opposé à l'éligibilité d'aucun citoyen d'autres motifs d'exclusion que ceux qui résultent des décrets constitutionnels. »

Mais nous nous apercevons qu'en fouillant dans ces archives inépuisables nous nous laisserions aller à débattre toutes les questions qui intéressent la Comédie, les acteurs, les auteurs et la littérature dramatique. Arrêtons-nous, quoique la tentation soit forte. Notre but restreint est rempli si les quelques extraits qui précèdent ont pu donner une idée de l'importance des documents conservés au Théâtre-Français.

Les érudits et les chercheurs connaissent bien, du reste, cette source précieuse de renseignements. Il ne se passe pas de jour sans que l'archiviste de la Comédie ait à communiquer quelque pièce pour des travaux historiques ou artistiques en préparation. Nous avons fait, nous-même, de fréquentes recherches dans les cartons des archives. C'est à l'extrême obligeance du regretté M. Guillard et de M. Mondain-Monval, que nous devons la communication de toutes les pièces inédites que nous avons citées dans le courant de cet ouvrage. Nous sommes heureux de leur en témoigner ici toute notre reconnaissance.

LA BIBLIOTHÈQUE

Le 11 mai 1763, Palissot écrivit à MM. les comédiens ordinaires du roi la lettre suivante :

« Je vous présente, messieurs, un recueil de mes ouvrages : ceux que j'ai composés pour le théâtre vous appartiennent ; les autres sont un gage de la reconnaissance que je dois à vos talents. Je ne m'abuse pas sur la valeur du présent que je vous fais ; mais je suis bien aise de donner le premier un exemple qui peut contribuer à réaliser un projet que j'ai fait depuis longtemps pour l'honneur de votre théâtre.

« Il me semble, messieurs, qu'il vous manque une bibliothèque, et que vous êtes d'autant plus intéressés à vous en former une qu'elle contiendra en quelque sorte les archives de votre propre gloire. En effet, le théâtre ne vous doit-il pas le divin Molière et beaucoup d'autres justement célèbres ? Je ne connais aucune Société littéraire qui puisse se prévaloir d'avoir enrichi la scène d'un aussi grand nombre de productions distinguées.

« Ce projet aurait aussi son utilité, même pour les gens de lettres, qui pourraient puiser dans cette bibliothèque des ressources qu'ils n'ont pas toujours à leur portée. Les frais n'en seraient pas très-dispendieux : car enfin cette collection n'est point immense, et tous les auteurs modernes se disputeraient l'honneur de contribuer à cet établissement par un tribut de leurs ouvrages. C'est l'exemple que j'ai voulu donner, et qui vous prouvera du moins combien je suis sensible à la gloire des arts et particulièrement à la vôtre.

« J'ai l'honneur d'être, etc.

« Palissot. »

Les comédiens répondirent aussitôt :

« Monsieur,

« Nous avons reçu avec plaisir le recueil de vos ouvrages que vous nous avez envoyé lundi dernier. C'est une attention dont nous vous remercions tous. Vous avez raison de penser que la Comédie devrait avoir une bibliothèque. Il est vrai qu'il est bien extraordinaire que les ouvrages dramatiques soient entre les mains de tout le monde et que nous n'en ayons pas la collection la plus exacte.

« Nous avions eu depuis longtemps la même idée ; mais toujours sans effet. Votre honnêteté, à laquelle nous sommes sensibles, va presser l'exécution d'un projet avantageux, et qui peut faire honneur à notre Société. Nous vous renouvelons encore nos remerciements, et nous avons l'honneur d'être, etc.

« Le lundi 16 mai 1763. »

Cette lettre était signée par les acteurs et les actrices de la Comédie. Bachaumont, qui en eut connaissance comme tout le monde, s'extasie, dans ses *Mémoires secrets*, « sur le ridicule de la lettre de Palissot et de la réponse ». Ce sentiment, qui fut peut-être partagé par quelques-uns de ses contemporains, rehausse à nos yeux la démarche de Palissot. S'il y avait péril à la faire, il n'en a que plus de mérite de l'avoir faite.

Quoi qu'il en soit, treize ans après, la bibliothèque de MM. les comédiens ordinaires était déjà devenue assez considérable, et Palissot, satisfait des succès de son idée, se plaisait à rappeler qu'il avait le premier donné l'élan.

« Je suis, messieurs les comédiens, écrivait-il en 1776, le premier qui vous ait donné l'idée de vous fonder une bibliothèque dramatique, à laquelle tant de raisons devaient vous intéresser. »

Il n'existe pas d'autre document concernant la bibliothèque de la Comédie-Française avant la Révolution, et celui que nous fournit la période révolutionnaire est dérisoire. C'est un extrait de l'inventaire du 29 germinal an VII, qui fut fait par ordre du ministre de l'intérieur, au moment où le théâtre était fermé, et où, très-probablement, les sociétaires avaient emporté chacun de leur côté une partie des livres de la collection.

Voici néanmoins ce document qui fait connaître la situation officielle de la bibliothèque de la Comédie-Française en l'an VII.

BIBLIOTHÈQUE	ESTIMATION
Livres reliés.	DES EXPERTS

BIBLIOTHÈQUE	ESTIMATION DES EXPERTS
ŒUVRES DE PIERRE CORNEILLE, 6 vol. dépareillés. — THOMAS CORNEILLE, 3 vol. RACINE, les tomes Ier et III. MOLIÈRE, les tomes II, V, VI, VII, VIII et le Ve, en double. REGNARD, les tomes II, III et IV. DESTOUCHES, les tomes Ier, II, IV, V, VI, VII, IX, X. BOURSAULT, 3 vol. BARON, 3 vol. MARIVAUX, les tomes Ier et IV. FAGAN, les tomes Ier, III, IV. GUYOT DE MERVILLE, les tomes Ier et III. DUFRESNY, les tomes Ier et III. CAMPISTRON, les œuvres en un vol. MONFLEURY, le tome II. LEGRAND, les tomes Ier, III, IV. VOLTAIRE, 7 vol. dépareillés. RECUEILS de diverses pièces, 2 vol. Plus 98 pièces, reliées séparément.	25 francs. (Ce chiffre a été surchargé et porté à 75 francs.)
Livres brochés.	
Un vol., CATALOGUE de pièces. ŒUVRES DE VOLTAIRE, tome II. 78 pièces séparées, brochées.	

Ainsi, à cette époque, la bibliothèque pouvait valoir, à dire d'experts, de 25 à 75 francs !

Aujourd'hui elle a une valeur inestimable. Et pourtant elle n'est pas ce qu'elle aurait pu être. Lors de la fameuse vente de Soleinnes, des amateurs généreux offrirent à la Comédie d'acheter pour elle le fonds dramatique à la condition qu'il serait classé et conservé. C'était une occasion unique qu'il fallait saisir avec empressement. Si les comédiens eussent été les maîtres, sans nul doute ils auraient accepté avec reconnaissance ce précieux cadeau ; mais ils dépendaient de l'administration. Le ministère, consulté, refusa son agrément afin d'éviter une dépense de personnel qui eût été insignifiante !

Si le Théâtre-Français possède enfin aujourd'hui une bibliothèque, c'est à M. Léon Guillard qu'il la doit. C'est lui qui, à force d'activité, est parvenu à réunir les nombreux ouvrages que l'on y consulte chaque jour avec fruit pour l'étude du répertoire, de la mise en scène, des traditions, des caractères historiques et de la couleur locale.

Naturellement le répertoire de la Comédie y est au grand complet. On ne compte pas moins de trente-deux éditions différentes de Molière, depuis l'édition de 1682 jusqu'aux belles éditions récentes d'Alphonse Lemerre et de Jouaust. Une collection curieuse est celle des almanachs des *Spectacles de Paris et de toute la France*, depuis 1752.

Un rayon particulier est réservé aux partitions musicales faites pour les pièces jouées à la Comédie. On y retrouve les refrains sur lesquels se chantaient les vaudevilles et les couplets à la fin des comédies de Dancourt, la musique de Lulli et de Charpentier pour les comédies de Molière, la musique écrite pour les chœurs d'Esther et d'Athalie par Moreau, Gossec, Boïeldieu, Jules Cohen, etc.

Voici un extrait du catalogue de la musique du service qui est intéressant par la variété des partitions, et le curieux accouplement des noms d'auteurs :

1º Collection de musique de coulisse au quatuor (15 pièces).
2º Collection à orchestre du répertoire ancien et moderne (18 pièces).
3º *Rosemonde* (orchestre).
4º *La Suède* id.
5º *Mariage sous la Régence* (mélodie, orchestre).

6° *Romulus* (orchestre).
7° *Partant pour la Syrie* (orchestre).
8° *Précieuses ridicules* (musique ancienne).
9° *Mariage de Figaro*   id.
10° *Malade imaginaire*   id.
11° *Pourceaugnac*   id.
12° *Valérie* (sérénade, orchestre).
13° *Mariage de Figaro* (Offenbach).
14° *Lucrèce* (harpe).
15° *Figaro* (entr'actes de Mozart).
16° *Hernani* (tel qu'il a été joué à la création).
17° *Chasses et Fanfares*, un volume.
18° *Murillo* (orchestre, entr'actes de J. Offenbach, ballade de Meyerbeer).
19° *Reine de Lesbos* (orchestre).
20° *Barbier de Séville*, etc., etc.

Ce que nous voudrions voir, pour compléter cette bibliothèque, ce serait la collection des œuvres de tous les académiciens. La Comédie-Française a envoyé, en 1732, une députation aux membres de l'Académie pour leur offrir, à eux et à leurs successeurs, les entrées gratuites. Maintenant que le Théâtre-Français possède une bibliothèque, l'Académie pourrait à son tour faire acte de courtoisie en offrant à la Comédie un exemplaire de tous les ouvrages publiés par ses membres.

N'en disons pas plus ; cette idée viendra certainement à quelque membre de l'Académie, et nous tenons à lui en laisser tout le mérite.

LE MAGASIN DES ACCESSOIRES

Jamais la mise en scène n'a été aussi bien comprise que de nos jours. Décors, costumes, meubles et accessoires, il faut maintenant que tout soit d'une vérité historique parfaite.

Depuis une vingtaine d'années, le public a complété son éducation artistique. Grâce au goût si répandu du bibelot, des choses anciennes, des meubles précieux, des faïences, des armes, il a appris à connaître le style de chaque époque, et un anachronisme, dans le moindre détail matériel, le choquerait autant, et peut-être plus, qu'un barbarisme dans une tirade.

On comprendra toute l'importance du progrès réalisé en relisant ce passage de Sorel, qui a trait à une représentation dramatique : « Apollon et Hercule y paraissoient en chausses et en pourpoint... Cet Hercule, se voulant faire remarquer, avoit seulement les bras retroussés comme un cuisinier qui est en fonction, et tenoit une petite bûche sur son épaule pour sa massue, de telle sorte qu'en cet équipage l'on l'eut pris encore pour un gaigne-denier qui demande à fendre du bois. Pour Apollon, il avoit derrière sa tête une grande plaque jaune prise de quelque armoirie pour contrefaire le soleil. »

Scarron nous montre également Destin jouant un rôle d'Hercule, couché sur un matelas, qui figure le lit antique, et ayant sur la tête un corbillon en guise de couronne.

Sous la Révolution encore, les héros grecs ou romains entraient en scène portant la cocarde tricolore.

Dieu merci ! la bûchette et le matelas d'Hercule, le corbillon des rois et la cocarde des trois Horaces ont disparu pour toujours. Des curiosités, des objets précieux, des meubles de style remplacent définitivement tout ce honteux bric-à-brac.

A la Comédie-Française, le magasin d'accessoires et le garde-meuble renferment des collections vraiment artistiques et qu'il est fort intéressant de visiter. On y trouve bien encore quelques objets en carton, quelques papiers dorés ; mais on peut, en revanche, admirer un grand nombre de belles choses.

Si l'on avait l'esprit tant soit peu philosophique, la vue d'un magasin d'accessoires pourrait servir de texte à de longues dissertations. Ce fouillis pittoresque d'attributs royaux et démocratiques; ce pêle-mêle excentrique de poignards tragiques et de mains de justice, de meubles somptueux et de volailles en carton, est bien fait pour corroborer cette parole profonde : « Vanité des vanités; tout est vanité. » En voyant, rapprochés les uns des autres, les objets de nos ambitions, les instruments de nos passions, tout cela semble si creux et si vide que l'on est tenté de comparer la vie à un immense carnaval de fous, dans lequel des ombres d'hommes courent après des ombres d'honneurs et de richesses.

Sans moraliser davantage, passons en revue les principaux accessoires.

Voici d'abord des instruments de musique : un tambourin pour les rôles d'Espagnol, d'Italien et de Provençal; un violoncelle pour le vieux maëstro de *Dalila*; une pochette pour le maître à danser dans *Il ne faut jurer de rien*; un tambour, du temps de Louis XVI ; des guitares, des mandolines et des violons de toutes les formes; enfin, des lyres et des cithares pour les pièces antiques.

De tous ces instruments le plus curieux est la mandoline du *Barbier de Séville*. Son manche cannelé et cambré, sa forme arrondie et légère, la pureté de ses sons, attesteraient son ancienneté si le nom du luthier qui a créé ce bijou ne s'y trouvait inscrit en toutes lettres. La Comédie-Française a aussi une guitare pour *le Mariage de Figaro*. Lorsque la première représentation du *Mariage* eut lieu, en 1784, on s'attendait tellement à une chute complète de la pièce, que l'on se contenta de louer cette guitare à raison de dix francs par jour. Si Beaumarchais n'avait pas écrit : « Tout ce qui tend à donner de la vérité est précieux dans un drame sérieux, et l'illusion tient plutôt aux petites choses qu'aux grandes ; » s'il n'avait pas surveillé de près la mise en scène de son œuvre, on aurait probablement évité même cette petite dépense.

Au lieu d'une chute, la pièce eut un succès énorme. La guitare, à laquelle on ne songeait plus, figura cinquante fois de suite. Au bout de ce temps le luthier présenta sa note : 500 francs de location pour une guitare !

Non loin des instruments de musique, une panoplie fort bien disposée nous fait voir les armes de la Comédie. Elles sont, à dire vrai, peu nombreuses; à part quelques paires de pistolets, une hallebarde signée Gounod et une épée Louis XIII à coquille, le reste, fusils, tromblons, épées de combat, fleurets, ne vaut pas la peine d'être détaillé.

Il n'en est pas de même des garnitures de consoles et de cheminées qui accompagnent les décors de salons.

On tient en réserve pour le salon du riche banquier deux admirables statues en bronze de Barbedienne, qui représentent la Poésie et la Musique; des bouteilles en porcelaine de Chine, de la famille violette, un plat d'Urbino, des vide-poches en verre de Bohême, en parfait état; un encrier de Boule et des sonnettes en bronze doré. La scène doit-elle se passer dans la salle à manger? voici un plateau d'argent d'un très-beau style, des réchauds, tout un luxueux service de table.

Enfin, quand l'intrigue de la pièce conduit à la campagne l'héroïne de la comédie, on laisse traîner sur la table du jardin l'inévitable corbeille à ouvrage, où sommeille une tapisserie de Pénélope, qui ne s'achèvera jamais.

Les accessoires les moins riches sont ceux qui sont employés dans les tragédies et dans les pièces antiques. La plupart des coupes et des gobelets sont simplement en carton recouvert de papier d'étain. Les urnes sont en bois, cependant elles méritent d'être remarquées pour l'élégance de leurs formes copiées sur les plus beaux spécimens anciens. Nous avons retrouvé notamment dans le magasin des accessoires l'urne qui a été représentée dans le fameux portrait de Talma.

Les coupes qui servent dans *Horace et Lydie* sont très-remarquables. Elles sont taillées dans l'onyx et garnies d'une fort belle monture en bronze doré.

En passant, admirons des buires d'étain qui portent encore, sur leurs ventres rebondis, les armoiries de leurs anciens maîtres.

Nous nous trouvons maintenant en présence d'une véritable collection de cannes. Il y aurait une monographie complète à écrire si l'on voulait indiquer l'expression et le caractère de chacune d'elles. La canne du marquis est élégante et riche, avec son long manche d'or ciselé et sa dragonne en fil d'or. Celle du médecin a l'air d'être en demi-deuil, avec sa baguette d'ébène que termine une poignée droite en ivoire. La canne de l'avare n'est qu'un bâton, cueilli sans doute à l'arbre du voisin, par économie. Celle du fils prodigue est, au contraire, enrichie de turquoises. Le bâton du malade imaginaire, de Mme Pernelle et de Mme Pimbêche trahit, lui aussi, l'esprit de ceux qui le portent, par son bec hargneux et contrariant.

Bâton de pèlerin, canne Louis XIV, pouvoir-exécutif, stick moderne, toutes les variétés sont représentées par quelques spécimens dans la collection du Théâtre-Français. Le rôle des coups de bâton dans les relations sociales a été si considérable en France, que ces cannes constituent en quelque sorte un résumé de l'histoire de nos mœurs.

Ne quittons pas les cannes sans saluer le bâton comique, rembourré d'étoupe, que le patient trouve toujours un peu trop dur, malgré les précautions de celui qui frappe.

Un des accessoires les plus intéressants de la Comédie-Française, c'est un échiquier Louis XV qui a servi dans *Adrienne Lecouvreur*. La table est supportée par quatre griffes et encadrée dans une monture en bronze doré. Les pièces sont également en bronze. Rois et reines, fous et cavaliers, tours et pions, sont ciselés avec un art infini. Le jeu dressé est magnifique. D'un côté, on voit s'aligner une armée éblouissante des tons de l'or, et de l'autre, une armée qui a l'éclat sombre du bronze vert.

Passons, sans transition, de cet échiquier royal aux accessoires de carton.

Le carton joue un grand rôle dans le détail de la décoration. On ne se figure pas toutes les formes qu'il peut affecter. Sans parler des volailles dorées qui sont légendaires et des fruits vermeils que tout le monde connaît, un artiste habile peut lui donner l'aspect des objets d'art les plus précieux. Et non-seulement l'illusion est complète pour le spectateur placé dans la salle; mais elle est aussi réelle pour l'acteur.

La Comédie possède un grand nombre de cartonnages parfaits d'exécution : notamment des pendules monumentales et des garnitures de cheminée gigantesques. Parmi les pièces les plus extraordinaires, nous avons admiré deux grandes potiches en porcelaine de Chine, avec des dessins rouge de cuivre, rehaussés d'or, et une pendule qui complète la garniture. Ces trois objets en carton peint ont coûté 1,200 francs. On est forcé de les faire sonner en les frappant pour s'assurer qu'ils ne sont pas en vrai chine.

Ouvrons maintenant l'armoire aux provisions. Des faisans avec leur parure de plume, des rôtis dorés, des bouts de tables garnis de fruits, des fromages, des pains : il y a là assez de carton pour suffire aux appétits imaginaires des jeunes premiers et des oncles bons vivants pendant plusieurs années. Le pâté embastillé, crénelé, qui faisait si bonne figure dans *Gringoire*, et qui fournissait à Coquelin un jeu de scène si expressif, est aussi appétissant qu'au premier jour. Nous n'avons pu le revoir sans le saluer comme une ancienne connaissance.

Les encriers sont très-souvent appelés à paraître dans les comédies. C'est un accessoire de première nécessité. Sur cent pièces, il y en a au moins quatre-vingt-dix-neuf qui exigent une table et tout ce qu'il faut pour écrire. La statistique, qui n'a pas de secrets pour nous, nous permet en outre d'affirmer que la proportion des comédies dont l'intrigue se noue ou se dénoue par une lettre est environ de soixante-quinze pour cent. L'encrier n'est, du reste, jamais désagréable au spectateur. Sa vue le rassure au milieu des complications qui contrarient les amoureux de théâtre. Ne présage-t-elle pas le dénoûment espéré, la signature finale du contrat ?

On ne s'étonnera donc pas que la Comédie-Française possède presque autant d'encriers que de cannes. Les écritoires d'étain coudoient les encriers de luxe. Un des plus originaux et des plus anciens est celui qui sert au malade imaginaire pour vérifier la note de M. Purgon. Il se compose d'une boîte plate qui affecte la forme d'un triangle et qui est garnie à l'une de ses extrémités d'un manche en argent. Sur le dessus de la boîte s'élèvent deux chandeliers, qui portent des bougies de cire. Un petit cornet de métal reçoit l'encre, un autre la poudre. Enfin, sur le devant de l'encrier, une fente profonde a été ménagée pour placer le binocle de l'écrivain.

Ce serait sortir de notre cadre que de parler de tous les accessoires de théâtre. Aussi nous laisserons de côté les animaux empaillés, les sacs de voyage, les livres dans lesquels on retrouve des bouts de rôle collés, les bûches en paillon, les grelots de la berline, le parapluie bleu, la pipe à éclairs, le tam-tam, les fleurs en fer-blanc, les cœurs en satin rose conservés dans des urnes, les lampes magiques, les pots-à-feu et les reliquaires en bois peint. Tous ces objets n'ont rien de particulièrement artistique.

Il n'en est pas de même des cloches qui sont au Théâtre-Français.

La Comédie possède deux cloches énormes, qui feraient honneur au clocher d'une cathédrale. L'une d'elles a une légende trop singulière pour que nous ne la rapportions pas ici.

Cette belle cloche était autrefois suspendue dans le beffroi de l'église Saint-Germain-l'Auxerrois. C'est elle qui fut mise en branle, la première, sur un ordre venu du Louvre, dans la terrible nuit du 24 août 1572. C'est à son signal funèbre que les catholiques, porteurs de la croix blanche, commencèrent le massacre immense de la Saint-Barthélemy. Toute la nuit son glas sinistre retentit, musique épouvantable pour un drame plus épouvantable encore.

Quand la Révolution éclata, les églises se fermèrent, les prêtres s'enfuirent. On ne voulait plus de maîtres, et l'on crut que l'on n'aurait plus besoin de Dieu. Les cloches de la plupart des églises de Paris furent réquisitionnées et jetées dans la cuve où la fonte les transformait en canons.

Par une singulière coïncidence, on jouait alors au Théâtre-Français *Charles IX*, et la Comédie n'avait pas de cloche pour sonner la Saint-Barthélemy. Marie-Joseph Chénier demanda et obtint celle de Saint-Germain-l'Auxerrois. Singulière destinée des choses ! A trois siècles de distance, cette cloche sonne sur la scène ce qu'elle avait sonné dans l'église.

Depuis, elle est restée dans le magasin. On l'en a tirée pour les représentations de *Marion Delorme*. C'est elle qui sonnait l'heure de l'exécution de Didier et de Saverny. Est-elle donc destinée à ne sonner que la mort ?

LE GARDE-MEUBLE

Pour un amateur de bois sculpté, de belles tapisseries, d'étoffes brochées, une visite au garde-meuble est fort intéressante ; elle est plus intéressante encore pour l'érudit qui cherche des traces de Molière.

Le fauteuil de Molière, que l'on avait cru perdu dans l'incendie de 1799, a échappé par miracle à cette épouvantable catastrophe. MM. Paul Porel et Georges Monval, dans leur excellente histoire de l'Odéon[1], ont raconté comment les bustes du foyer et la statue de Voltaire furent mis à l'abri par des grenadiers du Corps législatif et par un peintre du nom de Bévalet. « Les journaux, ajoutent-ils, annoncèrent qu'on n'avait pu dérober aux flammes le fauteuil de Molière[2], que les comédiens conservaient avec tant de vénération. Nous avons eu la bonne fortune de découvrir la preuve du contraire et d'acquérir la certitude que la relique, possédée encore aujourd'hui par le Théâtre-Français, est absolument authentique. C'est bien là le fauteuil sur lequel Molière a créé le rôle d'Argan dans son *Malade imaginaire*, et ressenti les premières atteintes du mal qui devait l'emporter après la quatrième représentation. Ce précieux meuble avait, en 1789, servi dans *Charles IX* ; et ce fut à cette circonstance qu'il dut sa conservation. Quand Talma remit la pièce de Chénier au théâtre de la République (8 janvier 1799), l'Odéon prêta, pour cette reprise, *les meubles de Charles IX*, parmi lesquels : dix tabourets, deux banquettes, deux fauteuils,

[1] Paris, Alphonse Lemerre, 1876.
[2] Voir notamment le *Moniteur* et la *Décade philosophique* du 10 germinal an VII.

une table antique, et « Un mauvais fauteuil en basane noire *dit de Molière* (ces trois mots sont raturés) qui a appartenu à Molière », prisé... 12 francs !

Cette mention est extraite de : *l'article des François de l'Odéon*, concernant les meubles qu'ils ont prêté (sic) pour Charles 9. (Etat remis aux commissaires par le citoyen Barbier, tapissier du théâtre, à leur séance du 28 germinal an VII.)

Le fauteuil de Molière se trouvait donc encore rue Richelieu loin de l'incendie de l'Odéon, qui eut lieu le 18 mars, puisque les commissaires, nommés pour faire l'inventaire du Théâtre-Français, de la République, le mentionnèrent à leur vacation du 28 germinal, ou pour mieux dire du 17 avril suivant.

Ce fauteuil est facile à reconnaître aux branches de fer qui sortent de ses bras et qui permettent de fixer la tablette sur laquelle le bonhomme Argan fait ses comptes.

Puisque nous parlons de fauteuil, citons le fauteuil de Talma, qui deviendra légendaire aussi, bien que d'un goût épouvantable. Figurez-vous un odieux mélange du style ogival et du style premier empire. Comment un ébéniste a-t-il pu être assez mal inspiré pour imaginer une combinaison pareille ! Vouloir marier la grâce de l'ogive à la raideur de l'angle droit, c'est un non-sens inqualifiable.

Il ne faut pas juger des autres meubles par cet odieux spécimen. La mauvaise impression du premier moment sera bientôt effacée.

Une table en chêne admirable s'offre à nous pour nous dédommager. Ce meuble ancien, très-pur de forme, a des tiroirs merveilleusement sculptés. Quatre pieds tors d'égale dimension le soutiennent ; deux autres pieds, plus petits, portent sur la traverse et le consolident. Malgré ce surcroît d'appuis, cette table n'a rien de massif. On y reconnaît le goût de la Renaissance.

Les meubles Louis XIV sont aussi nombreux que riches. Il

faut, du reste, plusieurs mobiliers pour varier la mise en scène des pièces de Molière, et pour donner aux intérieurs artistiques, qui se présentent fréquemment dans les comédies modernes, un cachet suffisant d'élégance et de recherche.

En relevant les housses qui les recouvrent, on peut voir la finesse des sculptures, la disposition favorable de leurs grands dossiers carrés, l'élégance des ornements et des crépines et même — détail qui prouve leur ancienneté — les clous forgés qui rattachent les sangles ; quant aux chaises, on trouve toutes les espèces à la mode pendant le dix-septième siècle, depuis la chaise de glui à la capucine jusqu'à la chaise-inquiétude et la chaise-perspective.

André Boule n'est représenté dans le garde-meuble par aucune de ses œuvres ; mais on trouve tout un mobilier exécuté d'après ses procédés ; les cuivres, habilement découpés, forment des dessins charmants incrustés dans les bois de l'Inde.

En fait de meubles Louis XV, il faut noter une commode cintrée et très-riche en ornements de bronze. Les canapés à deux places, les fauteuils et les chaises Louis XV et Louis XVI abondent. Des soies brochées, aux nuances délicates, bleues, pompadour, ou vert-d'eau semé de bouquets clairs, recouvrent le plus grand nombre. Un mobilier complet en tapisserie de Beauvais se distingue au milieu des autres par le fondu des tons. Ce mobilier est, du reste, complet, depuis les cantonnières jusqu'aux chaises volantes.

Le style du premier empire n'a jamais été notre idéal ; cependant nous sommes forcé, en présence d'un meuble que possède la Comédie, de lui reconnaître sinon de la grâce, au moins une certaine beauté. Les bras dorés, les pieds, l'encadrement du dossier et du siége, sont raides ; les dessins d'or de l'étoffe affectent de poser pour une circonférence régulière, et cependant, malgré toute l'aridité de ces détails, l'ensemble a quelque chose qui ne déplaît pas.

Les meubles modernes, de style indécis, ne nous arrêteront pas. Un seul fauteuil, un de ces anciens fauteuils que l'on appelait ganaches, nous étonne par ses dimensions. Il est si vaste qu'on le prendrait pour une chambre de malade.

— C'est un don de Mme de Girardin, nous dit-on. Il a figuré dans *la Joie fait peur*.

A côté des vrais meubles, des bibliothèques, des secrétaires et des tables de toutes les époques, le dépôt que nous visitons contient un grand nombre de meubles faux. Ce sont des châssis de toile peinte, qui représentent des bahuts, des armoires, des prie-Dieu. Le trône tragique est en bois blanc. Il doit tout son éclat au pinceau.

Près de la porte de sortie, un dernier objet nous attire. C'est la chaise à porteurs des *Précieuses ridicules*. C'est un fantôme de chaise. Les portières, le dos, la devanture, tout est en toile.

A ce propos une anecdote :

La Comédie avait autrefois une chaise à porteurs merveilleuse. Boucher, le peintre des Amours, l'avait décorée à sa fantaisie et lui avait donné toutes les séductions de son gracieux talent. C'était un bijou du dix-huitième siècle.

Mais, on le sait, Boucher n'a pas toujours été apprécié. Tant que l'école de David et la réaction artistique ont eu la faveur publique, les œuvres du peintre galant ont été reléguées dans l'arrière-boutique des marchands de tableaux. On ne prononçait son nom qu'avec une sainte indignation.

Les choses en étaient là, quand on eut besoin, pour la mise en scène d'une pièce nouvelle, d'une chaise à porteurs excessivement simple. On ne trouva rien de mieux alors que de passer une couche de couleur à la colle sur les médaillons de Boucher.

Les Amours disparurent sous un rideau chocolat ou brun foncé.

Quand la pièce en question cessa d'être représentée, la chaise à porteurs rentra dans le garde-meuble avec sa couche de chocolat.

Bien des années s'écoulèrent. Plusieurs générations de maîtres tapissiers se succédèrent. La chaise était toujours là, horrible à voir. On l'aurait volontiers brûlée. On préféra la mettre en vente avec un lot de vieux accessoires.

Ce fut un marchand de la rue de l'Abbaye qui l'acheta... pour rien. Encore n'était-il pas très-satisfait de son acquisition. Mais quelle ne fut pas sa surprise en découvrant, un jour, que la couleur brune s'enlevait par écailles et qu'elle recouvrait des ornements très-finement exécutés !

Quelques lavages bien compris mirent à nu le travail de Boucher, et le marchand se trouva en possession d'une œuvre de premier ordre, dont il se défit très-avantageusement.

La Comédie apprit alors quel trésor elle avait perdu.

CATALOGUE GÉNÉRAL

DES

TABLEAUX, AQUARELLES, DESSINS, GRAVURES, BRONZES, MARBRES ET TERRES-CUITES

COMPOSANT

LE MUSÉE DE LA COMÉDIE-FRANÇAISE

I

TABLEAUX

Foyer des Artistes.

Nos D'ORDRE.

1. — Portrait de Molière dans le costume de César de *la Mort de Pompée*. MIGNARD.
   Acheté 6,500 francs, à la vente Vidal, le 27 avril 1868.

2. — Portrait de Firmin (1811-1815). . PINCHON.

3. — Portrait de Dazincourt en Crispin (1776-1809), copie. . . . . . . Mme DE ROMANCE-ROMANY.

4. — Portrait de Monvel (1770-1806). . GEFFROY.   1852.
   Ce portrait a été fait d'après un buste en plâtre authentique, qui appartenait à Mme Guyon, sociétaire de la Comédie-Française.

5. — Portrait de Ligier. . . . . (Inconnu.)

6. — Portrait de Mlle Fleury (Mme Cheffontaine) . . . . (Inconnu.)

Nos D'ORDRE.

7. — Le Déjeuner de Versailles. — Carton du tableau de Ingres, donné par l'auteur aux artistes de la Comédie-Française . . . . . . INGRES. 1857.

<small>Sur ce carton, Ingres a signé son nom ainsi : *Ingre*, sans *s*. Le tableau, dont cette petite toile est l'ébauche, avait été fait pour S. M. l'Impératrice Eugénie. Il a dû être détruit lors de l'incendie des Tuileries, en 1871.</small>

8. — Types de la comédie italienne . . (Inconnu.)

<small>Donné à la Comédie-Française par M. Étienne Arago.</small>

9. — Scène du Matamore. . . . . . . PENGUILLY. 1853.

10. — Portrait de Fleury (1778-1818). . GÉRARD.

11. — Portrait de Talma (1787-1826) . . PICOT.

12. — Portrait de Préville, en Mascarille (1753-1786). . . . . CÉSAR VAN LOO.

<small>Pastel acheté, le 8 mai 1856, pour la somme de 106 francs !</small>

13. — Portrait de Michot (1799-1821). . (Inconnu.)

14. — Portrait de Grandmesnil, dans *l'Avare* (1790-1811) . . . . . . (Inconnu.)

15. — Portrait de Mlle Dumesnil, dans le rôle d'Agrippine (1757-1776). NONNOTTE. 1754.

16. — Portrait de Mlle Leverd, dans *les Trois Sultanes* (1808-1832), attribué à . . . . GROS.

17. — Portrait de Mlle Rachel. . . . . ÉDOUARD DUBUFE. 1850.

<small>Donné au Théâtre-Français par John Mitchel, directeur du théâtre français de Saint-James, de Londres. 1858.</small>

18. — Portrait de Préville, en Mascarille. (Inconnu.)

<small>Donné à la Comédie-Française par M. Étienne Arago. 1869.</small>

19. — Portrait de Raymond Poisson, en

DE LA COMÉDIE-FRANÇAISE.

N°ˢ D'ORDRE.

          Crispin, par. . . . . NETSCHER.
      C'est ce portrait qui a été gravé par Edelinck.

20. — Portrait de Mme Vestris (1768-1803) (Inconnu.)

21. — Portrait de Mlle Duclos (1693-1733) LARGILLIÈRE.
      Légué par Mlle Duclos à M. Saintard, qui en fit don à la Comédie-Française.

22. — Farçeurs françois et italiens, depuis 60 ans et plus, peints en 1670. — Théâtre-Royal . . . . (Inconnu.)   1670.
      Cette toile curieuse, offerte, en 1845, par M. Alfred Lorne à la Comédie-Française, provient de la galerie du cardinal de Luynes, archevêque de Sens. Elle contient les portraits de :

    MOLIÈRE.   LE Dr GAZIAN BALOARDO.
    JODELET.   GAULTIER-GARGUILLE.
    POISSON.   POLICHINELLE.
    TURLUPIN.   PANTALON.
    MATAMORE.   PHILIPPIN.
    ARLEQUIN.   SCARAMOUCHE.
    GUILLOT-GORJU.   BRIGUELLE.
    GROS-GUILLAUME.   TRIVELIN.

23. — Portrait de Monrose (1815-1842). A. PICHON.   1862.
      Donné à la Comédie par M. Louis Monrose.

24. — Portrait de Mlle Joly (1781-1788). DAVID.
      Légué à la Comédie-Française, en 1873, par M. Dantan jeune, statuaire.

25. — Portrait de Fleury (1778-1818). . Mme DE R.-ROMANY. 1818.
      Ce portrait est simplement signé des initiales A. R. (Adèle Romany.)

26. — Portrait de Molé . . . . SICARDI.   1808.

27. — Portrait de Baptiste aîné (1793-1828), d'après Drolling, par . . RAVERGIE.

28. — Portrait de Baron (1670-1691) — (1720-1729) . . . . DE TROY.

N⁰ˢ D'ORDRE.

29. — La Comédie-Française en 1840. . GEFFROY. 1840.

Les figures groupées sur cette toile sont, en partant de la droite, celles de :

GEFFROY.	Mˡˡᵉ MARS.
Mᵐᵉ DESMOUSSEAUX.	MENJAUD.
Mᵐᵉ GUYON.	Mᵐᵉ TOUSEZ.
Mˡˡᵉ MANTE.	MONROSE.
DAILLY.	Mˡˡᵉ DUPONT.
RÉGNIER.	PROVOST.
Mˡˡᵉ Noblet.	BEAUVALLET,
Mˡˡᵉ PLESSY.	Mˡˡᵉ RACHEL.
JOANNY.	SAINT-AULAIRE.
Mˡˡᵉ ANAÏS.	LIGIER.
PERRIER.	GUIAUD.
FIRMIN.	SAMSON.

30. — La Comédie-Française en 1864. . GEFFROY. 1864.

Les figures groupées sur cette toile sont, en partant de la droite, celles de :

MAUBANT.	Mᵐᵉ ARNOULD-PLESSY.
GEFFROY.	Mᵐᵉ FAVART.
Mˡˡᵉ JUDITH.	LAFONTAINE.
COQUELIN aîné.	Mˡˡᵉ JOUASSAIN.
Mᵐᵉ GUYON.	LEROUX.
Mˡˡᵉ DUBOIS.	Mˡˡᵉ A. BROHAN.
MAILLARD.	GOT.
SAMSON.	Mˡˡᵉ NATHALIE.
BRESSANT.	MONROSE.
Mˡˡᵉ M. BROHAN.	RÉGNIER.
DELAUNAY.	TALBOT.
Mˡˡᵉ FIGEAC.	PROVOST.
Mᵐᵉ VICTORIA-LA-	Mˡˡᵉ BONVAL.
FONTAINE.	

31. — Portrait de Molière, formant cartouche au-dessus d'une glace. . PHILIPPES.

Ce portrait est la copie d'une toile appartenant au musée de Versailles et qui est elle-même, paraît-il, une copie d'un portrait de Molière par Mignard.

32. — Portrait de Lekain (1750-1778). . LE NOIR.

33. — Portrait de Dugazon. . . . . . . Mᵐᵉ DE R.-ROMANY.
Copie.

34. — Portrait de Baptiste Cadet. . . . (Inconnu.)

35. — Portrait de De Larive (1775-1863),

　　　　　　　attribué à. . . . .　DAVID.
　　　　　　　Ce portrait appartenait à De Larive.
36. — Portrait de Mlle Clairon (1743-1765).　(Inconnu.)
　　　　　　　Ce portrait appartenait à De Larive.

Foyer des Travestissements.

37. — Portrait de Damas. . . . .　PINCHON.　1793.
　　　　　　　Donné à la Comédie-Française par Mme Damas.
38. — Les Derniers Moments de Talma.　ROBERT FLEURY.
　　　　　　　C'est le carton original du tableau de Robert Fleury. Cette toile donne les portraits de :

AMÉDÉE TALMA.	DAVILLIER.
DE JOUY.	PAUL TALMA.
ARNAULT.	JULES TALMA.
FIRMIN.	BIET.
CAROLINE VANHOVE.	NICAULT.
MARCHAIS.	

39. — Un Scapin. . . . .　(Inconnu.)
40. — Scène de *Louis XI*. . . . .　(Inconnu.)

Salle du Comité.

41. — Portait de Ducis, attribué à. . . .　GÉRARD.
　　　　　　　Cette toile ne serait pas l'original du portrait de Ducis par Gérard ; mais une copie, ou, pour mieux dire, une répétition de ce portrait faite par Gérard lui-même.
42. — Portrait de Marivaux. . . . . . .　VAN LOO.　1733.
43. — Portrait de Pigault-Lebrun. . . .　BOILLY père.
　　　　　　　Ce portrait, ainsi que les deux suivants, a été fait pour Barba. On les reconnaît pour les originaux des portraits gravés qui ornent les éditions des œuvres de Pigault-Lebrun, de Picard et d'Alexandre Duval.

Nos D'ORDRE.

44. — Portrait de Picard. . . . . BOILLY père.
Voir l'observation précédente.

45. — Portrait d'Alexandre Duval. . . . BOILLY père.
Voir l'observation précédente.

46. — Portrait de Mlle Mars dans la *Jeunesse de Henri IV*. . . . . . . (Inconnu.)

47. — Portrait de Dufresny. (Inconnu.)

48. — Portrait de Crébillon. (Inconnu.)

49. — Les Derniers Moments de Talma . ROBERT FLEURY. 1827.
Cette toile est le tableau original dont le carton se trouve au foyer des travestissements, et que nous avons catalogué sous le n° 38. Aux personnages, qui se trouvaient sur l'ébauche, le peintre en a ajouté plusieurs autres appartenant à la famille du grand tragédien.

50. — Portrait de Racine. . . . . (Inconnu.)

51. — Portrait de Thomas Corneille, d'après . . . . JEAN JOUVENET. 1777.
Copie authentique du portrait de Thomas Corneille par Jean Jouvenet. Mme la comtesse de Bouville, descendante de Corneille, voulut bien prêter l'original à Caffieri qui en offrit cette répétition à la Comédie-Française. L'original est actuellement la propriété de M. le comte d'Osmoy, député de l'Eure.

52. — Portrait de Pierre Corneille, d'après. . . . . CHARLES LEBRUN. 1777.
L'histoire du portrait de Pierre Corneille est la même que celle du portrait de son frère. Caffieri obtint de la comtesse de Bouville l'autorisation de faire copier le Pierre Corneille de Charles Lebrun, et il offrit la copie à la Comédie-Française.

53. — Portrait de Voltaire . . . . . . Mme DE R.-ROMANY. 1836.
Sur le fond du tableau on lit ces mots :
« *Portrait de Voltaire à l'âge de 24 ans, d'après le tableau original de Largillière qui est dans la bibliothèque du château de Villette*, par Mme de Romance-Romany (1836). »

N⁰ˢ D'ORDRE.

54. — Portrait de Regnard. . . . . . . Largillière.
    Donné à la Comédie-Française par M. Arsène Houssaye.

55. — Portrait de Molière (médaillon ovale), attribué à . . . . Mignard.
    Provenant de la galerie de l'évêque de Wincester. Acheté sous la direction de M. Émile Perrin. Quelques personnes attribuent cette œuvre remarquable à Robert Tournières (1668-1753), académicien et peintre ordinaire du Roi.

56. — Portrait de Molière . . . . Picot.

57. — Les Caractères de la Comédie. . . Geffroy.   1847.

TABLEAUX NON CLASSÉS

58. — Scène de la Comédie italienne. . (Inconnu.)
    Les personnages en scène sont :
    Il capitan Tecodrillo ; Harlequino ; la dona Lucia.

59. — Scène de la Comédie italienne . . (Inconnu.)
    Peinture sur cuivre.

60. — Autre scène de la Comédie italienne. (Inconnu.)
    Peinture sur cuivre.

61. — Autre scène de la Comédie italienne. (Inconnu.)
    Peinture sur bois.

62. — Portrait de Baptiste Cadet . . . . Mᵐᵉ de R.-Romany. 1832.

63. — Portrait de Baptiste aîné. . . . . Muneret.   1810.

Galerie allant du foyer des Artistes à la scène.

64. — Portrait de Mᵐᵉ Paradol (1819-1838). . . . . Rouillard.   1822.

Nos D'ORDRE.

65. — Portrait de Mme Desmares (1699-1721) . . . . SANTERRE.

66. — Portrait de Lekain (1750-1778) . . LE NOIR.   1769.

67. — Portrait de Talma dans le rôle de Néron (1787-1826). . . . . . . EUGÈNE DELACROIX.

68. — Portrait de Mlle Gaussin (1731-1763), attribué à. . . . . NATTIER.

69. — Portrait de Mlle Mante (1822-1849). (Inconnu.)

70. — Portrait de Mlle Mézerai (1791-1816). . . . . J. ANSIAUX.   1810.

<small>Ce portrait, qui était primitivement en pied, a été coupé pour faire un médaillon.</small>

Galerie allant du foyer des Artistes à l'Administration.

71. — Portrait de Mlle Mars (1799-1741), copie d'après. . . . . GÉRARD.

<small>L'original de ce portrait appartient à M. de Mornay.</small>

72. — Portrait d'actrice. . . . . (Inconnu.)

<small>Cette très-belle toile a été donnée à la Comédie-Française par Mme Volnys à qui elle avait été léguée par M. Bouilly. On avait cru d'abord qu'elle représentait Mlle Adrienne Lecouvreur; mais un examen attentif du tableau fit découvrir sur l'urne que tient l'actrice une tête de Voltaire. Les traits tirés, les rides du visage du poëte indiquaient que ce médaillon avait été peint dans les dernières années de la vie de Voltaire. Ce médaillon équivalait donc une date, et cette date, postérieure de beaucoup à la mort d'Adrienne Lecouvreur, ne permettait plus de voir son image dans le portrait en question. Cependant le siège était fait. Le portrait était accepté par le public comme étant celui de la grande comédienne. Pour maintenir cette croyance, on crut bien faire en repeignant l'urne et en faisant disparaître le Voltaire malicieux qui démentait la légende. Aujourd'hui l'on est plus scrupuleux</small>

N⁰ˢ D'ORDRE.

et plus soucieux de la vérité. C'est pourquoi nous avons tenu à raconter les faits.
Il reste à savoir quelle est l'actrice représentée sur cette toile. Des personnes, très-versées dans les questions d'art et de théâtre, estiment que ce pourrait bien être une demoiselle Sainval.

73. — Portrait de Mlle Raucourt, copie par . . . . PHILIPPES.

74. — Scène du *Mariage forcé*. . MIRECOURT et GEFFROY. 1862.
Ce tableau représente un dessous de bois. C'est Mirecourt qui a peint le paysage ; Geffroy y a placé les personnages qui sont : MM. PREVOST ; MIRECOURT ; Mlle FIX.

75. — Portrait de M⁰ Belcour, jouant de la harpe . . . . (Inconnu.)

Cabinet de l'Administrateur.

76. — Portrait de Molière, grisaille . . . LEHMAN.

77. — Portrait de Corneille, grisaille. . LEHMAN.
Ces portraits décoratifs forment des médaillons dessus-de-porte.

Antichambre de la salle du Comité.

78. — Portrait d'Armand. . . . . (Inconnu.)

79. — Portrait de Mlle Fannier, copie. . GIRAUD.

80. — Portrait de Damas. . . . . PINCHON. 1812.

81. — Portrait de Brizard (1757-1786). . (Inconnu.)
Le cadre de ce tableau porte ces vers inscrits sur un cartouche :
Aux yeux d'un peuple qu'il enchante
Brizard, sous ses traits imposants,
Rend le malheur auguste et la vertu touchante.

Nos D'ORDRE.

82. — Portrait d'Armand (1799-1827). . ROBERT LEFÈVRE.
   Ce portrait, qui était primitivement en pied, a été coupé.

83. — Portrait de femme. . . . . (Inconnu.)
   On a cru reconnaître Mlle Dangeville dans ce portrait.

84. — Portrait de Ducis, au pastel . . . (Inconnu.)

85. — Portrait d'homme . . . . (Inconnu.)

86. — Portrait d'homme. . . . . (Inconnu.)

87. — Portrait de femme. . . . . . . PÉRIGNON.   1861.

88. — Portrait d'enfant. . . . . ROUVIÈRE.   1836.

89. — Type d'Italien. . . . . C. BOULANGER. 1830.

90. — Paysage. . . . . F.-A. PERNOT. 1856.
   Ce paysage est une vue de La Ferté-Milon où naquit Jean Racine. Il a été donné à la Société du Théâtre-Français par l'auteur M. F.-A. Pernot, en 1857.

Antichambre du cabinet de l'Administrateur.

91. — Portrait de Lekain, dans le rôle de Gengiskhan (*Djenguyz-Kan* (sic). (Inconnu.)
   Pastel.

92. — Femme assise et pleurant. . . . . FAUSTIN-BESSON.

93. — Portrait de . . . . (Inconnu.)

94. — Portrait de Grandville . . . . . RIESENER.

95. — Portrait de Thénard aîné. . . . . RIESENER.

96. — Portrait de Damas. . . . . PINCHON.

97. — Portrait de Mlle Desroziers ou Rozière (1803-1807) . . . . . . (Inconnu.

N°ˢ D'ORDRE.

98. — Portrait de Mme Bonnard (Mlle de Merson). . . . . (Inconnu.)

99. — Les Débuts de Talma . . . . . . Ducis. 1833.
Cette toile représente Ducis et Talma causant dans le foyer des artistes de la Comédie-Française. Elle a pour auteur Ducis le peintre qui était le neveu du poëte Ducis et le beau-frère de Talma.

100. — Le Cimetière Saint-Joseph en 1732 . . . . Auguste Régnier.
Dans ce tableau on voit la tombe de Molière, crevassée, envahie par les ronces, telle qu'elle était en 1732.

101. — Cabaret hollandais . . . . (Inconnu.)

102. — Portrait de Mlle Dupont. . . . . (Inconnu.)

103. — Portrait d'un acteur comique . . (Inconnu.)
Sur le fond du tableau on lit ces deux vers :
Tel quy rit voyant mon tableau
N'est ny plus sage ny plus beau.

104. — Portrait de Préville, en Scapin. . (Inconnu.)
Pastel.

105. — Aquarelle. — Scène d'incendie. . (Inconnu.)

Escalier des Artistes.

106. — Portrait de Mlle Dangeville. . . . Vigée.
Pastel. — Derrière ce portrait, on lit la mention suivante : « Mlle *Dangeville dans le rôle de Colette des* Trois Cousines, *par Vigée de l'Académie de Saint-Luc, père de* Mme *Vigée-Lebrun.*

107. — Portrait de Mmes Champmeslé et Desmares. . . . . François de Troy. 1683.

108. — Portrait de Joanny . . . . (Inconnu.)

Nos D'ORDRE.

109. — Portrait de Michot (1799-1821). . Mme F. O'Connell. 1853.

110. — Portrait de Mlle de Vienne. . . . Faustin Besson. 1854.

111. — Portrait de Mlle Cath. de Scyne. Chaplin. 1853.

112. — Portrait de Grandval (1729-1784). Muller.

113. — Portrait d'homme. . . . . (Inconnu.)

114. — Portrait de Mme Préville (1786-1798). . . . . Mme F. O'Connell. 1854.

115. — Portrait de Mme Favart. . . . . Faustin Besson. 1853.

116. — Portrait de Diderot. . . . . . . (Inconnu.)
    Pastel. — Donné par M. Opigez à la Comédie-Française.

117. — Portrait de Mlle Bourgoin, d'après Sicardi. . . . . Mme de R.-Romany.

118. — Portrait d'homme. . . . . (Inconnu.)

119. — Portrait de Mlle Desmares (1679-1721). . . . . Santerre.

120. — Portrait de Bonneval (1742-1783). (Inconnu.)

121. — Scène du *Malade imaginaire* . . (Inconnu.)

122. — Portrait de Mlle X. . . . . . . Lefebvre. 1856.

123. — Portrait de Mlle Rachel (1838-1868). J.-L. Gérôme. 1869.

124. — Portrait de Mme Thénard. . . . Mme de R.-Romany.
    Copie d'après un portrait original qui appartient à la fille de Mme Thénard. — Un cartouche, placé sur le cadre du portrait, porte ces mots : « *Tais-toi, perfide!* »
    (Hermione à Oreste, dans *Andromaque*, acte v, scène III.)

125. — Portrait de Talma (1787-1826) . . Lagrenée fils.

126. — Portrait de Lekain . . . . P. Le Noir. 1777.

N°s D'ORDRE.

127. — Portrait de Mlle Raucourt, dans le rôle d'Agrippine. . . . . Mme DE R.-ROMANY.

128. — Portrait de Voltaire. . . . . . . PAJOU. 1811.
L'auteur de ce portrait est le fils du sculpteur Pajou.

129. — Portrait d'acteur, dans le rôle de Crispin. . . . . (Inconnu.)

130. — Portrait d'homme. . . . . (Inconnu.)

131. — Paysage . . . . MARAUDON DE MONTYEL. 1842.
Ce paysage représente la forêt où le *Médecin malgré lui* fait ses fagots. Les figures qui sont dans ce paysage sont de HORACE VERNET.

Cabinet de l'Huissier de l'Administrateur.

132. — Portrait de femme . . . . SICARDI. 1819.

133. — Portrait de Mlle Mars . . . . . . (Inconnu.)

134. — Paysage, aqueduc de Bago, près de Palerme . . . . COIGNET.

135. — Vénus et les Amours, peinture sur bois. . . . . (Inconnu.)

136. — Tableau de genre : Une négresse et deux enfants . . . . THÉOPHILE FRAGONARD.
Donné par M. le baron Taylor à la Comédie-Française.

137. — Portrait de Dufresny. . . . . . . (Inconnu.)
Portrait sous verre.

138. — Paysage. . . . . MIRECOURT. 1837.

39. — Portrait de Baptiste cadet . . . . (Inconnu.)
Portrait sur cuivre.

Régie.

Nos D'ORDRE.
140. — Paysage représentant des ruines. BEAUVALLET.
141. — Paysage représentant des ruines. BEAUVALLET.
142. — Paysage............. (Inconnu.)
143. — Portrait d'homme en costume du
  XVIIIe siècle......... (Inconnu.)
  Pastel.

Secrétariat général.

144. — Scène héroïque et galante. . . . JEANSSENS.
  Peinture sur cuivre.
145. — Portrait de Mlle Dubois, en costume de Diane (1765). . . . . (Inconnu.)
146. — Galilée............ (Inconnu.)
  Copie.
147. — Scène du *Mariage de Figaro*. . . (Inconnu.)
  Peinture sur bois.
148. — Paysage............ (Inconnu.)
149. — Paysage............ CORALLI.
  Peinture sous verre.

Foyer public.

PARTIE DÉCORATIVE — MÉDAILLONS DU PLAFOND

150. — *L'École des Maris* (Molière).
  Grisaille.
151. — *Le Joueur* (Regnard).
  Grisaille.

DE LA COMÉDIE-FRANÇAISE.   197

N°⁸ D'ORDRE.

152. — *Horace* (Pierrre Corneille).
Grisaille.

153. — *Phèdre* (Racine).
Grisaille.

154. — *Venceslas* (Rotrou).
Grisaille.

155. — *Le Comte d'Essex* (Thomas Corneille).
Grisaille.

156. — *Le Glorieux* (Néricault Destouches).
Grisaille.

157. — *La Métromanie* (Piron).
Grisaille.

158. — *Le Double Veuvage* (Dufresny).
Grisaille.

159. — *Alzire* (Voltaire).
Grisaille.

160. — *Rhadamiste* (Crébillon).
Grisaille.

161. — *L'École des Mères* (Marivaux).
Grisaille.

Loge du Chef de l'État.

162. — Portrait de Molière, médaillon ovale. . . . . HOFER.   1852.
Au-dessous, on lit cette inscription : *Molière, 24 octobre 1658, fondation de la Comédie-Française.*

163. — Portrait de Louis XIV, médaillon ovale. . . . . (Inconnu.)
Sur le cadre, on peut lire : *Louis XIV,*

Nºˢ D'ORDRE.

22 août 1680, constitution de la Comédie-Française.

164. — Louis XIV, médaillon ovale représentant le roi vers l'âge de trente ans . . . . (Inconnu.)

Loge du Directeur.

165. — Panneau décoratif : Comédiens et comédiennes descendant un escalier monumental . . . . . . FAUSTIN BESSON. 1852.

166. — Panneau : Couronnement de Molière . . . . FAUSTIN BESSON. 1852.

167. — Cartouche décoratif destiné à recevoir un portrait, des initiales, ou des armoiries. . . . . FAUSTIN BESSON.

168. — Panneau servant de pendant au couronnement de Molière. Scène de nuit. . . . . FAUSTIN BESSON.

169. — Panneau. Bergère Watteau. Esquisse. . . . . FAUSTIN BESSON.

170. — Panneau. Femme. Esquisse . . . FAUSTIN BESSON.

171. — Panneau. Un envolement d'amours servant de cadre à la fenêtre. . . . . FAUSTIN BESSON.

II

AQUARELLES, DESSINS, GRAVURES

Foyer des Travestissements.

GRAVURES

Nos L'ORDRE.

1. — Portrait de Molière, gravé par . . DE MAILLY.

2. — Scène du *Philosophe marié* de Destouches. . . . . DUPUIS.

    Dupuis a fait cette gravure d'après un tableau de Lancret. M. Jules Bonnassies croit reconnaître dans les personnages qui sont en scène :

    Mlle LEGRAND.   Mlle LABAT.
    LEGRAND fils.   DUCHEMIN père.
    Mlle DUFRESNE.   LEGRAND père.
    QUINAULT-DUFRESNE.

    Nous renvoyons nos lecteurs à l'étude que M. J. Bonnassies a publié sur ce sujet. Elle se trouve dans les notes de la réimpression de *la Lettre à mylord **** et de *la Lettre du Souffleur*, Paris, Wilhem, 1871.

3. — Scène du *Glorieux*, d'après un tableau de Lancret, par . . . . . DUPUIS.

    L'observation qui s'applique à la gravure précédente concerne également celle-ci. D'après M. Bonnassies, les acteurs en scène sont :

    QUINAULT-DUFRESNE.   Mlle LABAT.
    GRANDVAL.   Mlle QUINAULT la cadette.

4. — Scène de comédie. . . . . . . (Inconnu.)

    Les personnages en scène sont :
    GUILLAUME.
    TURLUPIN.
    GAULTIER-GARGUILLE.

Nos D'ORDRE.

5. — Portrait de Mlle Clairon, gravé d'après le portrait de Van Loo, par MM. . . . . Cars et Beauvarlet. 1764.

<small>Cette gravure, magnifiquement encadrée, porte cette mention : « *Donné par le Roy à Mlle Clairon.* » Les attributs royaux et tragiques se mêlent dans le fronton du cadre qui est en bois doré et sculpté. C'est M. Régnier, sociétaire de la Comédie-Française, qui a enrichi le foyer des travestissements de cette pièce curieuse.</small>

6. — Portrait de Garrick, dans *Richard III*. . . . . Gravure anglaise.

7. — Portrait de Mlle Duclos, d'après Largillière, gravé par. . . . . Desplaces. 1714.

8. — Comédiens français d'après le tableau original de Watteau. . . J.-M. Liotard.

9. — Comédiens italiens, d'après le tableau original de Watteau. . . J.-M. Liotard.

DESSINS

10. — Portrait de Talma. . . . . Mérimée. 1800.

<small>Ce portrait au crayon noir porte une inscription indiquant que Talma, premier pensionnaire du Théâtre-Français, a été dessiné d'après nature en l'an VIII, par M. Mérimée, professeur de dessin à l'École centrale du Panthéon.</small>

11. — Portrait à la sanguine de Mlle Ad. Lecouvreur (1717-1730) . . . .

<small>Donné à la Comédie-Française par M. de Saint-Albin.</small>

12. — Portrait de femme. . . . . Girodet.

<small>On croit que ce portrait est celui de Mlle Mars.</small>

13. — Portrait de femme. . . . . (Inconnu.)

Nos D'ORDRE.

14. — Portrait de Mlle Dupont. . . . . (Inconnu.)
15. — Portrait de Mlle Volnais. . . . . E. Bouchardy. 1818.
16. — Dessin au crayon représentant plusieurs figures de comédiens. . .

MINIATURES, GRAVURES COLORIÉES

17. — Portrait de Lekain, dans le costume de Gengiskan de *l'Orphelin de la Chine* . . . . Fesch. 1770.
18. — Portrait de Mlle Dumesnil, dans *Mérope*. . . . . Fesch. 1770.
    Ces deux petites gravures sont sous un même passe-partout.
19. — Portrait d'acteur dans *Phèdre*. . . Fesch. 1770.
20. — Portrait d'acteur dans *le Joueur*. . Fesch. 1770.
21. — Portrait d'acteur dans le *Siége de Calais*. . . . . Fesch.
22. — Portrait d'acteur dans *le Tuteur*, rôle de l'Olive . . . . Fesch.
23. — Portrait de Préville, dans la leçon d'armes du *Bourgeois gentilhomme*. . . . . Fesch.
24. — Portraits de Molé (Léandre) et de Préville (Scapin), dans les *Fourberies de Scapin*. . . . . . . Fesch.

Salle du Comité.

AQUARELLE

25. — Portrait d'Alfred de Musset, d'après Landelle. . . . . Pollet.
    Donné à la Comédie-Française par M. Paul de Musset.

DESSINS

N^{os} D'ORDRE.

26. — La Mort de Rotrou . . . . Claudius Jacquand. 1868.
27. — La Couronne théâtrale disputée. . (Inconnu.)
    Gravure coloriée, représentant Mlles Georges et Duchesnois.

Cabinet de l'Huissier de l'Administrateur.

AQUARELLES

28. — Vue prise à Charonne . . . . . . Justin Ouvré. 1832.
29. — Groupe d'Arabes. . . . . E. Lessore. 1834.

DESSINS

30. — Portrait de Baptiste aîné. . . . . J. Isabey.
    Crayon.
31. — Un Mendiant. . . . . »
    Crayon.
32. — Portrait d'Hoffman, critique dramatique. . . . . L. Bailly.

GRAVURES

33. — Molière et Laforest, d'après Horace Vernet . . . . Migneret.
34. — Portrait d'Adrienne Lecouvreur, d'après Coypel. . . . . Drevet.
35. — Portrait de Lekain, d'après Lenoir. (Inconnu.)

N°* D'ORDRE.

36. — Molière mourant, d'après Vaf-
flard . . . . Migneret.

DIVERS

37. — Cadre contenant huit petits sujets,
traités à l'aquarelle ou au crayon,
par. . . . . A. Johannot.
Tony Johannot.
Eugène Lami.
Desenne.

Secrétariat général.

SÉPIA

38. — Sépia représentant un paysage espagnol, dans lequel a lieu une
cérémonie grotesque de récep-
tion de médecins. . . . . (Inconnu.)
<small>Acheté à Naples pendant la direction de M. Vedel.</small>

39. — Autre sépia, représentant une scène
d'indulgences plénières — détails
obscènes . . . . (Inconnu.)
<small>Même provenance que la précédente.</small>

EAU-FORTE

40. — Le Pont-Neuf. . . . . Huchtenberg.
<small>Très-belle épreuve.
Cette eau-forte, faite d'après le tableau de Van der Meulen, qui est au musée de Grenoble, permet de voir, sur la droite, la salle du Petit-Bourbon où la Comédie-Française a été installée au xviie siècle.</small>

DESSIN

Nos D'ORDRE.
41. — Crayon . . . . (Inconnu.)

Antichambre de la salle du Comité.

PHOTOGRAPHIES

42. — Maison de Pierre et de Thomas Corneille, à Rouen, rue de la Pie.

43. — Maison de campagne au Petit-Couronne (près Rouen), où Pierre Corneille a composé une partie de ses œuvres . . . .

Régie.

AQUARELLE

44. — Portrait de Baptiste, dans le rôle de Dasnières . . . . (Inconnu.)

GRAVURES ET LITHOGRAPHIES

45. — Portrait de femme . . . . R. BRICKNER.
46. — Portrait de Damas, gravé par . . . PINCHON.
47. — Portrait de Mlle Mars . . . . . . (Inconnu.)
48. — Portrait de Talma . . . . (Inconnu.)
49. — Portrait de Baptiste aîné, lithographie, par . . . . GREVEDON.
D'après le crayon d'Isabey, catalogué plus

Nos D'ORDRE.
    haut sous le n° 30. — M. Grevedon a retouché le portrait d'après nature.

50. — Portrait de Mme Michu, de l'Opéra-Comique . . . . (Inconnu.)
    Gravure coloriée.

51. — Portrait de Joanny . . . . LLANTA.

52. — Portrait de Grandville.. . . . . . COLLIN.

53. — Portrait de Samson . . . . LÉON NOEL.

54. — Portrait de Thénard. . . . . . . VIGNERON.

55. — Portrait de Mme Maillard, du théâtre des Arts . . . . (Inconnu.)
    Gravure coloriée.

56. — Les Débuts de Talma . . . . . L DUCIS.   1825.
    Lithographie faite en 1844, d'après le tableau de L. Ducis (1825).

57. — Portrait de Charlotte Desmares. . LÉPICIÉ.   1783.

58. — Portrait de Fleury. . . . . (Inconnu.)

59. — Portrait de Préville . . . . (Inconnu.)
    Gravure coloriée.

60. — Portrait de Baron . . . . (Inconnu.)

61. — Portrait de Molière . . . . (Inconnu.)
    Gravure coloriée.

Archives.

MINIATURE

62. — Portrait de Talma, miniature sur ivoire. . . . . (Inconnu.)
    Légué à la Comédie-Française par L.-A. Hutin, dit Francisque jeune.

DESSIN

Nᵒˢ D'ORDRE.

63. — Portrait de Lekain. . . . . Cochin.
Dessin au crayon.

III

MARBRES ET PLATRES

Foyer public.

1. — Statue assise de Voltaire.	Houdon.	1781.
Original donné à la Comédie-Française par Mᵐᵉ Du Vivier, nièce et héritière de Voltaire.		
2. — Buste de Jean de Rotrou. . . .	Caffieri.	1783.
3. — Buste de Pierre Corneille.	Caffieri.	1777.
4. — Buste de Molière.	Houdon.	1778.
Donné à la Comédie-Française par Sedaine, qui abandonna, pour payer ce buste, tous ses droits sur la *Gageure imprévue*.		
5. — Buste de Regnard	Foucou.	1779.
6. — Buste de Destouches.	Berruer.	1781.
7. — Buste de Piron	Caffieri.	1775.
8. — Buste de Dufresny.	Pajou.	1781.
9. — Buste de Voltaire	Houdon.	1778.
10. — Buste de Racine.	Boizot.	1779.

Nos D'ORDRE.

11. — Buste de La Chaussée. . . . . . CAFFIERI.   1785.
12. — Buste de Crébillon. . . . . D'HUEZ.   1778.
    D'après le buste fait par Lemoyne en 1760.
13. — Buste de Thomas Corneille. . . . CAFFIERI.   1785.
14. — Bas-relief représentant le couron-
    nement de Molière . . . . . . LEQUESNE.

Galerie des Bustes.

15. — Buste de Dancourt. . . . . FOUCOU.   1782.
16. — Buste de Le Sage . . . . DESBŒUFS.   1842.
17. — Buste de J.-B. Rousseau . . . . . CAFFIERI.   1787.
18. — Buste de Diderot . . . . LESCORNÉ.   1853.
19. — Buste de Sedaine . . . . GATTEAUX.   1843.
20. — Buste de M. de Belloy. . . . . . CAFFIERI.   1771.
21. — Buste de Beaumarchais. . . . MATHIEU-MEUSNIER.   1852.
22. — Buste de Collin d'Harleville . . . OLIVA.   1868.
23. — Buste de Scribe. . . . . . . Mlle DUBOIS-DAVESNE.   1865.
24. — Buste d'Alfred de Musset. . . . . MEZZARA.   1867.
25. — Buste de Ponsard . . . . FRANCESCHI.   1869.
26. — Buste de Marivaux. . . . . . Mlle DUBOIS-DAVESNE.   1874.
    Donné à la Comédie-Française par M. Da-
    vesne, ancien régisseur général.
27. — Statue de G. Sand. . . . . CLESINGER.   1851.

Petite galerie du Parterre.

28. — Buste de Marivaux. . . . . FAUGINET.   1843.
    Donné à la Comédie-Française par Fauginet.

N⁰ˢ D'ORDRE.

29. — Buste de Casimir Bonjour . . . . (Inconnu.)

30. — Buste de Beaumarchais. . . . . . Gois.

31. — Buste d'André Chénier . . . . . . Etex. 1839.
Sur la gauche du socle est gravé cette mention :
« Hommage à la mémoire d'André Chénier. »

Grand escalier.

32. — Buste d'Alexandre Duval. . . . . Barre. 1845.

33. — Buste de Ducis. . . . . Taunay. 1812.

34. — Buste d'Andrieux . . . . Carle Elshœet. 1836.

35. — Buste de Picard . . . . Dantan aîné. 1838.

36. — Buste de Balzac . . . . M. de Vasselot. 1875.

37. — Buste d'Alexandre Dumas père . . Chapu. 1875.

Premier vestibule.

38. — Talma étudiant un rôle, statue par David d'Angers. 1837.
Cette statue représente Talma, assis, drapé à l'antique. Elle a été acquise par la Comédie-Française en 1837.

39. — La Tragédie. . . . . Duret. 1857.

40. — La Comédie. . . . . Duret. 1857.

41. — La Tragédie. . . . . Clesinger. 1851.
Statue en pied d'après Rachel.

Deuxième vestibule.

(RUE SAINT-HONORÉ.)

42. — Buste d'Etienne . . . . Vilain.
Offert à la Comédie-Française par M. Étienne fils.

Nos d'ordre.			
43. — Buste de Mme Émile de Girardin .	Levêque.		
44. — Buste de Baron	Fortin.	1802.	
45. — Buste de Casimir Delavigne. . . .	David d'Angers.	1844.	
46. — Buste de M.-J. Chénier.	David d'Angers.	1845.	

Grande Entrée.

(RUE SAINT-HONORÉ.)

47. — La Comédie. . . . .   Gabriel Thomas. 1865.
     Statue assise, d'après Mlle Mars.

48. — La Tragédie. . . . .   Duret.   1865.
     Statue assise, d'après Mlle Rachel.

Foyer des Artistes.

49. — Buste de Molière, d'après Houdon. . . . .   (Inconnu.)

Foyer des Travestissements.

50. — Buste de l'impératrice Marie-Louise . . . .   Bartoldi.
     D'après le buste fait par Bosio.

Galerie allant du foyer des Artistes à l'Administration.

51. — Buste de Mlle Saint-Val (Sainval) aînée. . . . .   (Inconnu.)

52. — Buste de Mlle Saint-Val (Sainval) cadette . . . .   (Inconnu.)

53. — Buste de Samson. . . . .   Dantan jeune.   1846.

Nos D'ORDRE.

54. — Buste de Ligier. . . . . (Inconnu.)
(Buste en plâtre.)

Galerie allant du foyer des Artistes à la scène.

55. — Buste de Larive. . . . . Houdon. 1784.

56. — Buste de Mlle Mars. . . . . . . Dantan aîné.
Donné à la Comédie par Mlle Rachel. — Ce buste a été fait après la mort de Mlle Mars. Dantan s'est servi du portrait de cette artiste par Geffroy.

57. — Buste de Mlle Clairon. . . . . . J.-B. Lemoyne. 1761.

58. — Buste de Mlle Dangeville (Marie-Anne Botot). . . . . Lemoyne.
Ce buste a été donné à la Comédie-Française par Mlle Devienne, f^e Gévaudan. Il était primitivement placé sur une colonne de marbre cannelé, qui portait le nom de la donatrice sur un écusson.

59. — Buste de Mlle Rachel. . . . . . Dantan aîné. 1839.

60. — Buste de Provost. . . . . Feuchère. 1846.

61. — Buste de Mme Augustine Brohan. Garraud.

Salle du Comité.

62. — Buste de Mlle Rachel. . . . . . P. Thiaucout. 1854.
Plâtre.

Cabinet de l'Administrateur.

63. — Réduction en plâtre de la statue de Molière, qui décore la fontaine Molière, par. . . . . Seurre aîné.

Antichambre de la salle du Comité.

64. — Le Masque de Shakespeare. . . . D. Bruciani.

Antichambre du cabinet de l'Administrateur.

Nos D'ORDRE.

65. — Buste de Denis Diderot. . . . . . J. Lescorné. 1853.
   Donné à la Comédie-Française par M. J. Lescorné.

66. — Buste de Coysevox. . . . . Coysevox.
   On a cru longtemps que ce buste était celui de J.-B. Lully. Une inscription que l'on voit encore sur le piédestal de marbre est la cause de cette erreur: mais il est bien avéré aujourd'hui que ce buste est celui du sculpteur Coysevox, fait par lui-même.
   Ce beau marbre a été offert à la Comédie-Française, le 18 juillet 1816, par M. Dubief.

Régie.

67. — Buste de Rachel. . . . . Dantan aîné. 1859.
   Plâtre.

68. — Buste de femme. . . . . (Inconnu.)
   Marbre blanc.

Cabinet de l'Avertisseur.

69. — Buste de Mme Caroline Vanhove,
   v^e Talma, comtesse de Chalot. . Jouffroy. 1849.
   Plâtre rose.

70. — Statuette représentant Monrose. . Gayrard. 1849.
   Plâtre rose.

Escalier des Artistes.

71. — Médaillon de Regnard . . . . . (Inconnu.) XVIIe siècle.
   Relief en marbre, donné à la Comédie-Française par M. Papillon de La Ferté.

72. — Buste de Michelot. . . . . . . Mansion. 1823.
   Marbre.

N⁰ˢ D'ORDRE.

73. — Buste de Mlle Mars. . . . . P.-J. DAVID d'Angers. 1825.
Marbre.

74. — Buste de Mlle Dumesnil. . . . . MARCHAND.
Marbre.

75. — Buste d'Adrienne Lecouvreur . . A. COURTET. 1853.
Marbre.

76. — Buste de Talma. . . . . DE BAY. 1813.
Plâtre.

77. — Buste de Lafond, dans Achille. . DE BAY. 1814.
Plâtre.

78. — Réduction en plâtre de la statue
de Voltaire, par Houdon. . . . (Inconnu)

79. — Buste de Molière, d'après le buste
de Houdon. . . . . (Inconnu.)
Plâtre.

80. — Buste de Corneille. . . . . (Inconnu.)
Plâtre.

IV

BRONZES

Foyer des Artistes.

1. — Buste de Préville . . . . HOUDON.

Salle du Comité.

2. — Buste de Ligier, dans le rôle de
Richard III . . . . DANTAN aîné.

DE LA COMÉDIE-FRANÇAISE.   213

Nos D'ORDRE.
3. — Molière, statuette . . . .   MÉLINGUE.
4. — Corneille, statuette. . . . .   MÉLINGUE.

Secrétariat général.

5. — Médaillon de Pigault-Lebrun. . .   DAVID d'Angers.   1831.

Escalier des Artistes.

6. — Buste de Casimir Delavigne . . .   DAVID d'Angers.

V

TERRES-CUITES

Salle du Comité.

1. — Buste de Carlin Bertinazzi. . . .   PAJOU.   1763.
Terre-cuite.
2. — Buste de Beaumarchais . . . . .   S. COURIGER.   1774.
Terre-cuite.

Cabinet de l'Administrateur.

3. — Buste de Mlle Clairon . . . . . .   LEMOYNE.
4 — Buste de Lekain. . . . .   (Inconnu.)
Donné à la Comédie par Mme veuve Dumas.

N° D'ORDRE.

5. — Pierre Corneille, statuette . . . . Caffieri.
    Cette statuette a été offerte aux sociétaires
    de la Comédie-Française par la Société des Amis
    des arts de Seine-et-Oise.

Secrétariat général.

6. — Buste de Lekain. . . . . (Inconnu.) xviiie siècle.

7. — Buste de Préville . . . . (Inconnu.) xviiie siècle.

Escalier des Artistes.

8. — Buste de La Fontaine . . . . . . Caffieri. 1773.
    Donné à la Comédie-Française, par J.-J. Caffieri, en 1773.

9. — Buste de Philippe Quinault. . . . Caffieri. 1773.
    Donné à la Comédie-Française par J.-J.
    Caffieri, 1773. Ce buste, et le précédent, sont
    signés : Caffierry *(sic)*.

VI

BISCUITS DE SÈVRES

Salle du Comité.

1. — Corneille, statuette.

2. — Racine, statuette.

3. — Gresset, statuette.

4. — Molière, statuette.

Nos D'ORDRE.

5. — Volange, dans le rôle de Jeannot, statuette.

6. — Volange, dans le rôle d'Eustache le Pointu, statuette.

7. — Volange, dans le même rôle, mais dans une autre scène, statuette.

8. — Préville, dans le rôle de Figaro, statuette.

9. — Le capitaine La Roche, statuette.
    <small>Le capitaine La Roche était surintendant des basses-cours. Il n'a jamais eu rien de commun avec la Comédie.</small>

10. — La Forest, l'aînée, dans le rôle de Jeannette.

11. — Statue de Melpomène.

12. — La Belle Provençale, statuette.

13. — Mlle Dangeville, dans le rôle de la pèlerine, statuette.

14. — Poisson, dans le rôle de Crispin.
    <small>Bien que cette statuette porte la mention : « *Poisson, dans le rôle de Crispin*, » il est impossible de reconnaître Poisson dans la figurine d'enfant que représente ce biscuit.</small>

15. — Thalie, sous les traits de Mlle Contat, statuette.

TABLE DES MATIÈRES

Préface	VII
Le Musée de la Comédie-Française. — Historique	1
Le Musée des Auteurs. — Foyer public	33
Galerie des bustes	46
Petite galerie du parterre	47
Grand escalier	48
Premier vestibule	48
Second vestibule	50
Le Musée des Comédiens. — Foyer des artistes	53
Foyer des travestissements	122
Salle du comité	127
Galeries intérieures et bureaux	135
Escalier des artistes	149
Loge du chef de l'État	155
Loge du directeur	156
Les Archives	157
La Bibliothèque	165
Le Magasin des Accessoires	169
Le Garde-meuble	177
Catalogue général. — Tableaux	183
Aquarelles, dessins, gravures	199
Marbres et plâtres	206
Bronzes	212
Terres-cuites	213
Biscuits de Sèvres	214

ÉVREUX, IMPRIMERIE DE CHARLES HÉRISSEY.

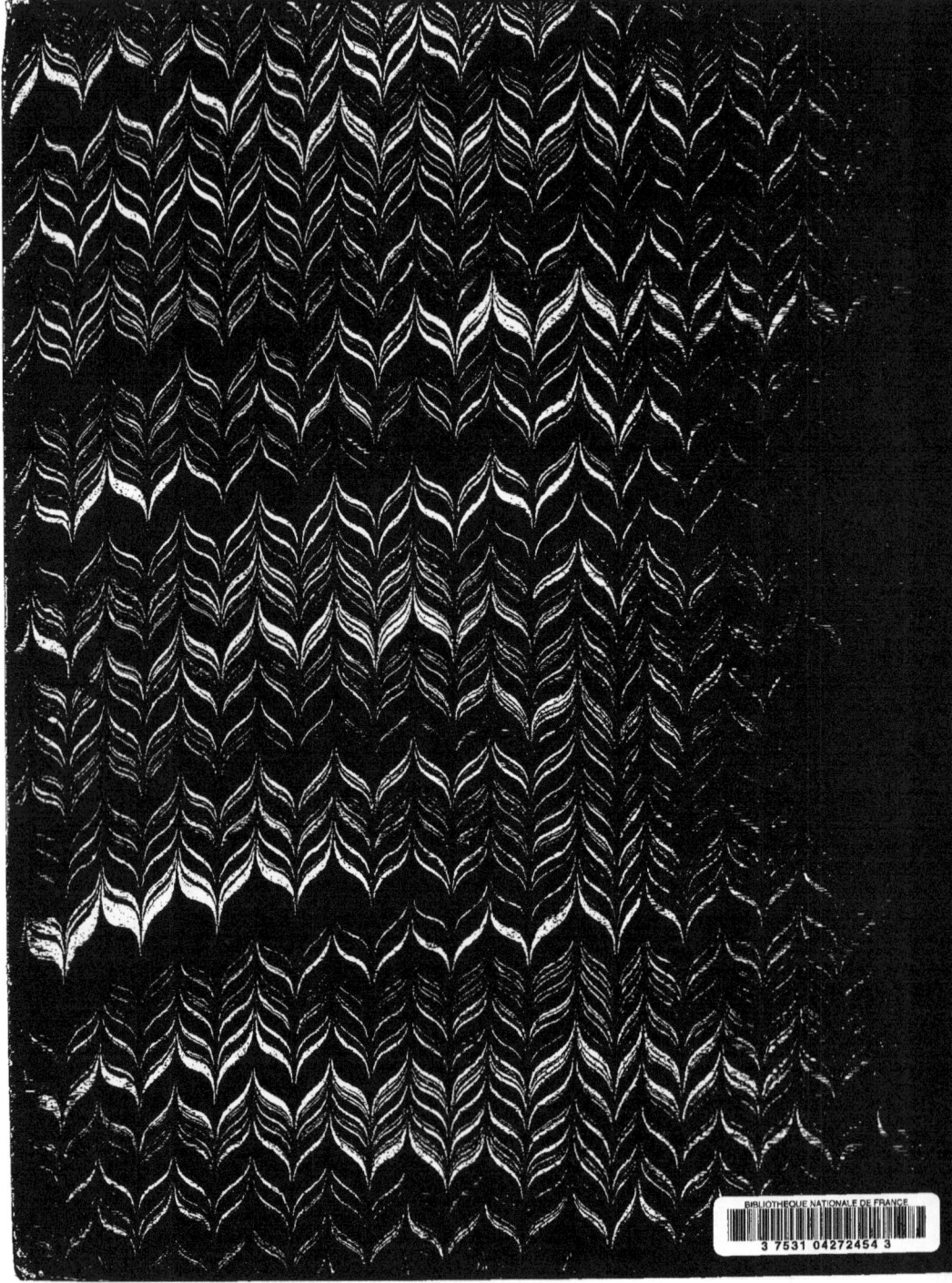

www.ingramcontent.com/pod-product-compliance
Lightning Source LLC
Chambersburg PA
CBHW060119170426
43198CB00010B/961